AF200225

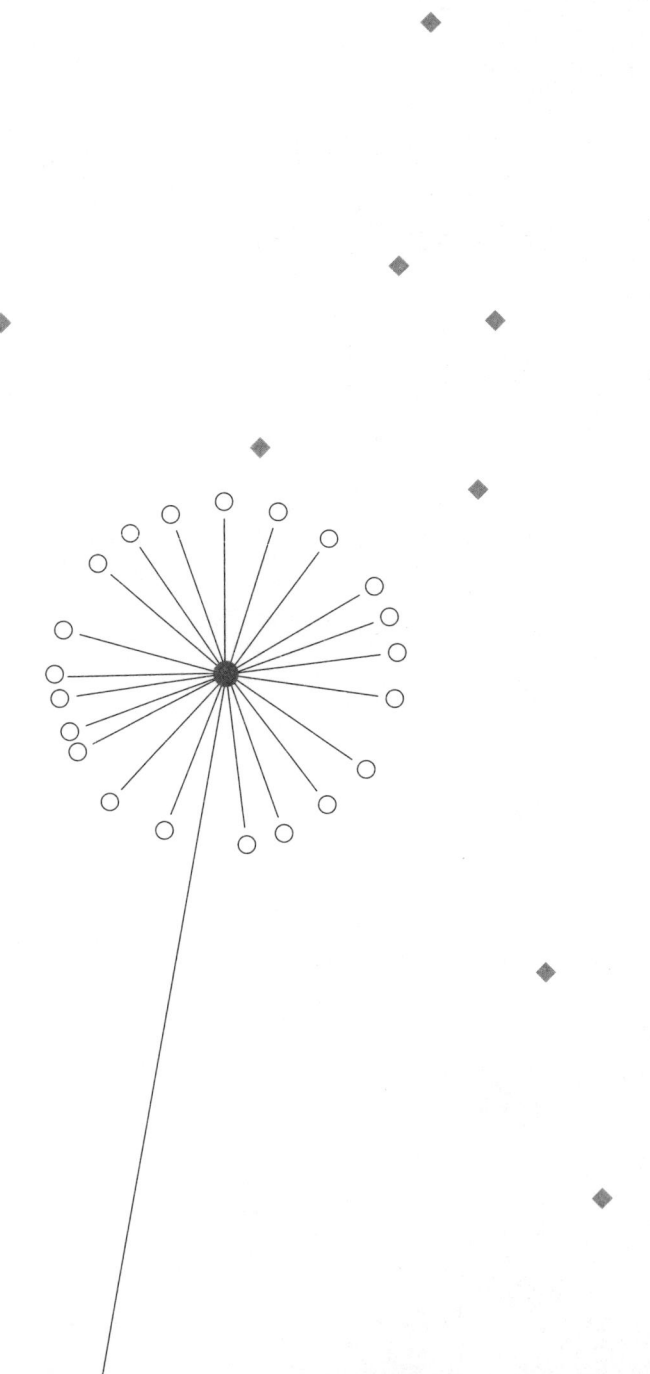

ANDREAS KNAPP

Wer alles gibt, hat die Hände frei

Mit Charles de Foucauld einfach leben lernen

Wir befinden uns im Jahr 27 nach Christus.
Ganz Galiläa ist von den Römern besetzt.
Ganz Galiläa? Nein! In einem kleinen Dorf, weitab in
der Provinz, nimmt eine neue Form von Freiheit ihren
Anfang. Denn dort in Nazaret zeigt sich Gott im Leben
eines einfachen Handwerkers. Und daher kann Gott
überall, selbst in den kleinen und alltäglichsten Dingen
gefunden werden. Lassen Sie sich mitnehmen auf eine
spirituelle Entdeckungsreise!

»In dieser Zeit, wo Gewalttätigkeit in Lüge gekleidet so unheimlich wie noch nie auf dem Throne der Welt sitzt, bleibe ich dennoch überzeugt, dass Wahrheit, Liebe, Friedfertigkeit, Sanftmut und Güte die Gewalten sind, die über allen anderen Gewalten stehen. Ihnen wird die Welt gehören, wenn nur genug Menschen die Gedanken der Liebe, der Wahrheit und der Friedfertigkeit rein und stark und stetig genug denken und leben.«

Albert Schweitzer

INHALT

HIER SCHON DAS SCHLUSSWORT?

Dopp! … Dopp! … Dopp! Dieser verdammte Wasserhahn! Dopp! … Dopp! … Dopp! Obwohl ich nun schon länger an ihm herumschraube, tropft er noch immer. Derart in die Arbeit versunken, habe ich gar nicht bemerkt, dass das Wasser in der Kajüte weiter angestiegen ist. Dabei ist es bitterkalt! Vorhin stand das Wasser nur so hoch, dass es mir in die Schuhe lief. Nun stehe ich schon knietief in der eisigen Flut. Und war da nicht draußen auf dem Gang etwas gewesen? Doch! Jetzt erinnere ich mich an ferne Stimmen: »Die Titanic sinkt!« – Egal! Ich muss noch den Wasserhahn hier in der Kajüte reparieren. An dem, was draußen passiert, kann ich sowieso nichts ändern. Der Kapitän auf der Brücke, der hat die Verantwortung. Und ich bin nur ein kleiner Klempner auf einem gigantischen Ozeanriesen …

Welch absurde Situation: auf einem untergehenden Luxusliner einen tropfenden Wasserhahn reparieren zu wollen! Und doch begleitet mich dieses Bild schon lange. In ihm spiegelt sich mein Erleben von Ohnmacht und Sinnlosigkeit wider: Was kann *ich* denn schon tun angesichts der Bedrohung unserer Welt? Seit über 25 Jahren besitze ich kein Auto mehr. Für Kurzstrecken nutze ich das Fahrrad, sonst nehme ich Bahn oder Bus. Aber ich werde das Gefühl nicht los, dass ich mich im Blick auf die Klimaveränderung vergeblich abstrample. Ich spende für Greenpeace. Doch dann lese ich, mit welch gigantischen Summen die Ölkonzerne in Brüssel das politische Räderwerk schmieren. Und was ist aus dem großen Traum der *einen* Menschheitsfamilie geworden; aus gerechtem Handel und internationaler Solidarität? Ich demonstriere in Leipzig gegen Rassismus. Doch bei Wahlen (nicht nur bei uns in Ostdeutschland) demonstriert zunehmend die AfD ihre Stärke. Bin ich nur ein armer Tropf auf einem heißen Stein?

Denn was kann *ich* schon ausrichten gegen die große Politik? Was tun, wenn selbst Präsidenten auf allen Regeln von Anstand und Fairness herumtrampeln? Machen die da oben nicht einfach, was sie wollen? Oder sind sie am Ende vielleicht auch nur Gefangene von wirtschaftlichen Zwängen, bloße Marionetten an den Fäden der Megakonzerne und Multimilliardäre?

Manchmal spüre ich die Versuchung, mich ganz ins Private zurückzuziehen. In meinen eigenen vier Wänden könnte ich es mir ja gemütlich machen. Und so viele Sonderangebote für Ablenkung versprechen Spaß und Genuss! Allerdings lassen sich auch hier die Lecks nicht leugnen: Immer mehr zu besitzen und anzuhäufen wird als »Glück« angepriesen. Doch man läuft wie ein Esel einer Karotte hinterher, ohne sie je zu erreichen. Viele hungern nach einer neuen Freiheit und wollen aus dem Hamsterrad des »immer höher« und »immer schneller« aussteigen. Erfolg, Leistung, Karriere, Besitz fühlen sich für viele irgendwann hohl und schal an. Denn selbst wenn wir alles haben, werden wir den leisen Verdacht nicht los, dass uns das Wichtigste noch fehlt ...

Nicht erst durch Covid-19 haben viele Menschen den Geschmack am Leben verloren, denn in der modernen Massengesellschaft breitet sich das Gefühl der Einsamkeit und Verlassenheit immer virulenter aus. Die Grenzen des Wachstums und der Machbarkeit werden spürbarer, aber auch die eigene Zerbrechlichkeit. Welche Möglichkeiten bleiben mir noch, wenn ich mir wie auf einem untergehenden Dampfer vorkomme: zynisch reagieren? Ohnmächtig resignieren? Verzweifelt rebellieren? – Dies würde das Aus für mein Engagement bedeuten! Und diese Zeilen wären dann auch schon das Schlusswort!

Oder öffnet sich vielleicht doch noch eine Perspektive? Ein Kirchenlied provoziert: »Hoffen wider alle Hoffnung; glauben, dass es dennoch weitergeht; lieben, wo es beinah nicht mehr möglich, damit die Welt auch morgen noch besteht.«[1] Als Christ versuche ich, auf einem derart riskierten inneren Weg zu bleiben: mir meinen eigenen Unkenrufen zum Trotz die Hoffnung nicht rauben zu lassen. Im Glauben den Halt zu finden, mich einer oft traurigen und tragischen Realität zu stellen, vor der ich am liebsten die Augen verschließen möchte. Und schließlich auf die Kraft der Liebe zu vertrauen, die sogar Menschen und Situationen verwandeln kann, die ich fast schon aufgegeben hatte.

Was bestärkt mich auf diesem Weg, sodass meine Hoffnung nicht versiegt? Die Spuren zu meinen spirituellen Quellen führen nach Nazaret. Und so möchte ich Sie, liebe Leserin, lieber Leser, zu einer kleinen Reise in die Zeit Jesu einladen – an den Ort, in dem er aufwuchs und der ihn prägte. In einem nächsten Schritt will ich dann davon erzählen, was mir in meinem konkreten Alltag hilft, um Hoffnung zu schöpfen.

Jesus hat in Nazaret ein ganz normales Leben geführt, mit seinen Herausforderungen und Aufgaben. Er tat dies im Licht der Hoffnung, dass hier und jetzt Gottes neue Welt beginnt, obwohl die politischen und sozialen Umstände alles andere als rosig waren.

1. EINE ZEITREISE

Wir befinden uns im Jahr 27 nach Christus. Ganz Galiläa ist von den Römern besetzt. Ganz Galiläa? Nein! In einem kleinen Dorf, weitab in der Provinz, nimmt eine neue Form von Freiheit ihren Anfang. Und zwar ohne Zaubertrank und Waffengewalt. Ganz im Gegenteil: Unscheinbar und leise beginnt ein neues Zeitalter der Hoffnung.

Auf der großen Weltbühne hingegen inszeniert sich das Römische Reich in pompösen Triumphzügen und herrscht mit eiserner Faust über Nordafrika, den Nahen Osten und einen großen Teil Europas. In Rom dienen goldglänzende Tempel und Paläste als Regierungssitz von Menschen und Göttern. Die wohlhabende Oberschicht schwelgt in einem unglaublichen Luxus, während viele Bevölkerungsgruppen brutal ausgepresst werden. Legionen von Söldnern und Steuereintreibern halten die Unterworfenen in Schach und Schuldknechtschaft. Wer aufbegehrt, wird gnadenlos ausgelöscht. Der Ruhm des gewaltigen Roms ist auf einem Höhepunkt angekommen.

Weitab vom Zentrum der Macht jedoch beginnt ein anderes Reich. In einem armseligen Dorf namens

Nazaret wächst ein Mann auf, der sich nicht in die herrschenden gesellschaftlichen und religiösen Zwänge einfügt. Während sich viele Zeitgenossen in eine Weltuntergangsstimmung flüchten, widersteht Jesus der Versuchung zu resignieren. Er tritt auch nicht als politischer Rebell gegen das herrschende System auf, sondern geht ganz selbstverständlich seinen eigenen Weg. Er setzt auf Nächstenliebe und Barmherzigkeit, auf Gerechtigkeit und Hoffnung. Und er ist davon überzeugt, dass überall dort eine neue Welt anfängt, wo Menschen auf diese Alternative bauen. Dort beginnt das Reich Gottes.

BRIEFWECHSEL AUS NAZARET

Nazaret, im Jahr 27 nach meiner Geburt

Liebe Tante Elisabet,
schon länger habe ich nichts mehr von mir hören lassen. Die tägliche Arbeit nimmt mich sehr in Anspruch. Seit Monaten verdinge ich mich mit meinem Vater auf den Baustellen von Sephoris, das nur wenige Meilen von Nazaret entfernt liegt. Ich habe zwar auch gelernt, Steine zu behauen und Mauern hochzuziehen, aber hier arbeiten wir vor allem als Zimmerleute.

Stell dir vor: Die von den Römern niedergebrannte Stadt wird wieder aufgebaut, herrlicher noch als vorher. Ich kann mich nicht an den Krieg erinnern, weil ich noch zu klein war, als der berüchtigte Varus mit seinen Truppen Sephoris in Schutt und Asche legte. Abba erzählt oft davon, wie er damals auf den Hügel gelaufen ist, an dessen Fuß unsere Hütten erbaut sind. Dort habe er in der Ferne ein riesiges Flammenmeer gesehen, aus dem Rauchwolken aufstiegen und den Himmel schwarz färbten.

Nazaret hatte damals Glück, weil es so arm und unbedeutend ist. Denn die römischen Legionäre machten nicht nur Sephoris platt, sondern auch alle größeren Dörfer in der Umgebung. Meine Mutter hat dir sicher davon erzählt: Marodierende Söldner zogen durchs Land. Sie plünderten die Häuser, vergewaltigten die Frauen und verschleppten viele junge Frauen und Männer in die Sklaverei. Unser Dorf hingegen haben sie verschont. Man sieht ja schon von Weitem, dass bei uns nichts zu holen ist. So sind sie lieber Richtung Magdala weitergezogen, weil die Dörfer am See Genezareth eine fette Beute versprachen.

Jetzt haben die Römer unser Land fest im Griff und lassen uns durch Herodes Antipas aussaugen. Herodes will natürlich protzen und lässt neben der Stadt Tiberias auch Sephoris mit großen Palästen und breiten Straßen ausstatten. Ich kannte bis vor Kurzem nur die Arbeit an strohgedeckten Lehmhütten, wie sie in Nazaret üblich sind. In Sephoris decken wir Dächer mit richtigen Ziegeln. Und auch sonst wird an nichts gespart. Die Wände in den Häusern werden bunt bemalt und die Fußböden mit Mosaiken ausgeschmückt. Du kannst dir nicht vorstellen, wie der Marmor der Säulen in der Sonne glänzt. Nur unsere verschwitzten Körper glänzen noch mehr …

15

Was für ein Gegensatz zwischen Sephoris, das auf einem Hügel thront und alles beherrscht – und unserem mickrigen Nazaret. Es ist wirklich ein Kaff: keine befestigte Straße, kein schönes Haus und nur eine armselige Synagoge. In den Heiligen Schriften, die dort am Sabbat vorgelesen werden, tauchen viele Namen von Städten und Dörfern auf. Nazaret wird nicht ein einziges Mal erwähnt. Und so spottet man über unser Dorf: »Was kann denn aus Nazaret schon Gutes kommen …«

Ich ärgere mich ja selbst manchmal über die Enge unserer Sippe. Alle meinen, ganz genau zu wissen, wie ich zu leben und was ich zu tun habe. Dabei interessiere ich mich für so vieles und würde gerne durch die Welt wandern. Aber das würden meine Verwandten nie verstehen!

So arbeite ich weiter mit meinem Vater in Sephoris. Als Tagelöhner, wie die meisten hier. Den Herren in den Villen gehören die großen Getreidefelder in der Ebene, die Ölbäume und die Weinberge. Sie lassen andere für sich schuften und beuten sie aus, um ihren Reichtum noch zu vermehren. Du weißt, dass uns wie allen Bewohnern von Nazaret nur noch winzige Ackerflächen geblieben sind, wo wir anbauen, was wir zum Überleben brauchen. Weil die Ernte oft nicht reicht, müssen sich viele verschulden und verlieren dann auch noch das letzte Stück Boden unter den Füßen.

Der Lohn auf der Baustelle ist karg, und die hohen Steuern zwacken noch einmal ziemlich viel davon ab. Die Zolleinnehmer sind deshalb verhasst. Manchmal tun sie mir leid. Sie müssen ja auch überleben. Wenigstens brauchen wir hier in Galiläa keine Tempelsteuern zu bezahlen.

Wir sind halt weit weg von Jerusalem. Und weil das Geld knapp ist, kann ich auch dieses Jahr nicht an der großen Wallfahrt nach Jerusalem teilnehmen. Schade, denn ich hätte euch gerne wiedergesehen.

Erinnerst du dich noch an den Schrecken, den ich vor vielen Jahren meinen Eltern eingejagt habe? Ich war gerade zwölf Jahre alt und bin ausgebüxt: Denn ich war von Jerusalem und dem gewaltigen Tempelbau so fasziniert, dass ich nicht wieder zurückwollte. Ich blieb einfach in der Stadt und diskutierte mit den Gesetzeslehrern im Tempel. Damals glaubte ich noch, dass Gott im Tempel wohnt und ich dort bei ihm bleiben müsse. Inzwischen spüre ich, dass Gott in meinem Herzen wohnt. Und wenn ich still werde und bete, kann ich ganz eins mit ihm sein. Den Weg nach innen kann ich überall gehen, selbst in Nazaret. Verstehst du, was ich meine? Jedenfalls ist für mich die Wallfahrt nach Jerusalem nicht mehr so wichtig. Allerdings würde ich dich gerne mal wiedersehen. Und ich hoffe, dass ich nächstes Jahr nach Jerusalem reisen kann.

Grüße Onkel Zacharias herzlich von mir, wenn er vom Tempeldienst zurückkommt. (Von meinen Gedanken, dass man den Tempel nicht mehr unbedingt braucht, erzähle ihm lieber nichts!) Und grüße natürlich Johannes, der mir in seiner Suche nach Gott ein Vorbild ist.

Dein Jeshua aus Nazaret

Lieber Jeshua,

danke für deinen Brief aus Nazaret. Ich freue mich, dass ihr Arbeit gefunden habt. Auch hier in Judäa spürt man die harte Unterdrückung durch die Römer und Herodes Antipas. Der Bau der gewaltigen Festungen und luxuriösen Paläste für die Großen verschlingt das Geld der kleinen Leute, die ausgepresst werden wie eine Zitrone.

Aus Empörung über dieses Unrecht hat unser Sohn Johannes seine Heimat verlassen und ist an den Jordan gezogen, wo dieser mitten durch das Ödland fließt. Ich mache mir große Sorgen um ihn. Er deutet die brutale Unterdrückung und Ausbeutung durch die Römer als ein Zeichen, dass das Ende der Welt vor der Tür steht. Und darum predigt er in der Wüste mit ziemlich harten Worten, dass die Menschen sich für das Gericht Gottes bereit machen sollen. Wie ich höre, ziehen viele Leute zu ihm hinaus. Er lässt sie in das Wasser des Jordans eintauchen als Zeichen, dass ihr altes Leben zu Ende geht. Sie sollen dann rein gewaschen und wie neugeboren wieder auftauchen und ein anderes Leben beginnen. Ich bewundere seinen Mut, mit dem er das Unrecht der Mächtigen anprangert. Aber mich quält auch die Angst, dass Herodes oder die Römer den unbequemen Mahner zum Verstummen bringen könnten.

Lieber Jeshua, bete für uns und für Johannes und grüße die ganze Verwandtschaft, besonders deine Mutter Myriam.

Deine Elisabet

Liebe Elisabet,

du hast vor einiger Zeit an Jeshua geschrieben, und seither ist viel passiert. Deine Nachricht über Johannes hat Jeshua derart aufgewühlt, dass er zu ihm an den Jordan gezogen ist. Dort blieb er freilich nur kurze Zeit. Jetzt zieht er durch unsere Dörfer und predigt ebenfalls. Allerdings verkündet er eine andere Botschaft als Johannes.

Jeshua droht nicht mit dem Gericht Gottes, sondern erzählt Geschichten von Gottes Barmherzigkeit. Für ihn ist Gott wie ein Vater: ein guter Abba, der seinen davongelaufenen Sohn mit offenen Armen erwartet. Wie kommt er nur darauf, so von Gott zu reden, als würde der bei uns in Nazaret wohnen? Die Geschichten Jeshuas kommen mir alle sehr bekannt vor. Er redet von Gott wie von einem Weinbergbesitzer oder einem Hirten. Oder wie von einer Frau, die eine Münze verloren hat und dann das ganze Haus auf den Kopf stellt (so wie mir das einmal passiert ist). Und dann predigt Jeshua davon, dass eine neue Welt beginnt, aber nicht mit einem Gericht, sondern durch Güte und Barmherzigkeit. Er behauptet sogar, dass Gott schon mitten unter den Menschen wohnt und alle zu einem großen Gastmahl einlädt. Vor allem diejenigen, die ausgegrenzt und verachtet sind. Und wie zum Beweis setzt sich Jeshua mit den unmöglichsten Leuten an den Tisch. Dabei ist er in den letzten 30 Jahren hier im Dorf nie unangenehm aufgefallen. Ich geniere mich ein wenig, es dir zu schreiben: Er feiert sogar Feste mit den verhassten Zöllnern und mit Prostituierten. Unsere Familie hat er verlassen und mich einmal sogar vor der Tür abblitzen lassen, als ich ihn besuchen wollte. Alle Menschen, so versichert er, seien für ihn wie eine Mutter oder wie Geschwister.

Das hat mich damals sehr getroffen. Inzwischen frage ich mich jedoch, ob Jeshua vielleicht sogar recht hat. Warum sollte Gott nicht in unseren Dörfern, ja sogar in Nazaret wohnen? Neulich erzählte Jeshua den Leuten vom Sauerteig, den ich daheim immer wieder angesetzt habe. Man sieht nichts. Und doch wirkt der Sauerteig im Verborgenen. Sollte es wirklich stimmen, dass Gottes neue Welt schon begonnen hat und wie ein Sauerteig alles durchdringt und verändert? Schön wäre es! Vor allem, wenn wahr würde, dass Gott die Mächtigen vom Thron stößt und diejenigen in die Mitte stellt, die erniedrigt und kleingehalten werden.

Ich mache mir freilich auch große Sorgen um Jeshua. Denn er kritisiert öffentlich den Luxus der Reichen. Er hat in Sephoris gesehen, wie krass die Gegensätze zwischen der herrschenden Oberschicht und den vielen ausgebeuteten Tagelöhnern und Landlosen geworden sind. Jetzt verurteilt er das Geld als Götzen und zieht umher wie ein Vagabund, ohne Sandalen und Geld oder ein zweites Hemd. Und dann lädt er auch noch andere Männer und Frauen ein, seinem Beispiel zu folgen und alles zurückzulassen. Unsere Verwandten halten Jeshua daher für übergeschnappt. Ich habe Angst, dass ihm das gleiche Schicksal droht wie Johannes. Hast du Nachricht, wie es ihm im Gefängnis geht? Dürft ihr ihn besuchen?

Bitte grüße ihn und Zacharias von mir und auch von Josef.

Deine Myriam

2. PROTOKOLLE AUS DEM PRÄTORIUM

Das Ansehen von Pontius Pilatus war angekratzt. Sogar dem Kaiser in Rom waren bereits heftige Klagen über die Amtsführung seines Statthalters in Palästina zu Ohren gekommen. Pilatus wusste, dass sein Regierungs- und Richterstuhl wackelte. Daher durfte er sich keine Blöße geben, als im 16. Regierungsjahr des Kaisers Tiberius in Jerusalem am 14. Nisan eine öffentliche Gerichtsverhandlung vor großer Volksmenge anstand. Vielmehr musste alles gut präpariert und gekonnt inszeniert sein – auch auf die Gefahr hin, dass es ein bloßer Schauprozess werden würde.

Am Vorabend des öffentlichen Verhörs und Gerichtsurteils wollte Pilatus noch Informationen über den Angeklagten einholen. Streng vertraulich und geheim ließ er also zwei Männer in seinen Palast, ins Prätorium, laden, die ihm als Informanten über diesen Mann, einen Galiläer aus Nazaret, dienen konnten: Judas und Kajaphas.

PROTOKOLL I

Anwesend: Pontius Pilatus, römischer Statthalter in Palästina von des Kaisers Gnaden; Judas, Informeller Mitarbeiter; Tintus Plumarius, Magister Litterae

Pilatus: Wann hast du Jesus zum letzten Mal gesehen?

Judas: Ich komme direkt von ihm. Er sitzt mit einigen Freunden in einem Haus der alten Davidsstadt und feiert das Pessach-Mahl. Ich brauchte einen Vorwand, um die Runde vorzeitig verlassen und Eurer Einbestellung Folge leisten zu können.

Pilatus: Wie hast du ihn erlebt? Droht Fluchtgefahr? Soll ich ihn vorsichtshalber sofort verhaften lassen, damit er uns nicht durch die Lappen geht?

Judas: Keine Sorge! Er steht immer zu dem, was er sagt, und läuft nicht davon. Jetzt feiert er gerade das Pessach-Mahl als sein Abschiedsfest. Er geht sehr gefasst dem entgegen, was ihn erwartet.

Pilatus: Wenn er wüsste, was ihm droht … Warum taucht er nicht einfach ab?

Judas: Seit er vor drei Jahren in den Jordan eingetaucht wurde, hat er keine Angst mehr.

Pilatus: Ich verstehe nicht, was du meinst.

Judas: Na ja, er wurde von Johannes im Jordan getauft. Und er versicherte, dass er danach eine Stimme hörte, die zu ihm sagte: Du bist mein geliebter Sohn. Seiner Überzeugung nach war es die Stimme Gottes.

Pilatus: Meine Frau hört nachts im Traum auch Stimmen. Ich gebe nichts darauf. Das ist mir alles zu nebulös. Mich interessiert nur das Greifbare. Was also weißt du von diesem Mann? Woher stammt er?

Judas: Die meisten nennen ihn Jesus von Nazaret. Das klingt fast wie ein Familienname, bezeichnet aber seine Herkunft. Jesus ist ein Mann ohne besonderen Namen und Titel. Nazaret ist nichts anderes als ein kleines Dorf in Galiläa. Dort ist Jesus aufgewachsen und hat über viele Jahre ein völlig normales und unauffälliges Leben geführt. Er genoss keine besondere religiöse Ausbildung, sondern pflegte die Frömmigkeit der einfachen Leute. In Galiläa erlebte er die Mühen des Alltags und auch – mit Verlaub gesagt – die Härte der römischen Verwaltung.

Pilatus: Hat er zur Missachtung der römischen Gesetze aufgerufen?

Judas: Nicht dass ich wüsste … Seine Botschaft geht in eine ganz andere Richtung. Er redet von Gott. Aber während die Hohepriester abgehoben über Opfer und Kult predigen und die Leute abkanzeln, erzählt Jesus in der Sprache der Bauern, Fischer und Marktfrauen von Gott. Er nimmt Alltägliches zu Hilfe, um von der neuen Welt Gottes zu reden: das Samenkorn, das aufgeht und Frucht bringt, während andere Ähren verdorren oder überwuchert werden; das Senfkorn, das so winzig ist und dennoch zu einer beachtlichen Staude heranwächst; das Netz voller Fische, die sortiert werden müssen. Jesus betrachtet die Spatzen oder die Feldblumen und lernt an ihrem Beispiel, wie Gott sich um alles sorgt. Um die Großzügigkeit Gottes zu verdeutlichen, berichtet er von einer Familie in seiner Nachbarschaft, in der ein Sohn sein Vaterhaus verlassen und in der Stadt sein Geld verschleudert hatte. Und der als armes Schwein zu seinem Vater zurückkehrte und von diesem liebevoll wieder in die Arme geschlossen wurde.

Pilatus: Das klingt nicht sehr aufregend und gefährlich. Hat Jesus auch andere Themen?

Judas: In Nazaret hat Jesus auch die Härte des Lebens kennengelernt: die Mühe der Bauern, die säen und wenig ernten. Oder die ohnmächtig zuschauen müssen, wie im Weizenfeld Unkraut wächst. Jesus erlebte Menschen, die etwas versprechen und nicht ausführen; die ihre Talente vergraben; die große Vorratsspeicher bauen und nicht daran denken, dass nicht ein Ochs, sondern der Tod vor dem neuen Scheunentor stehen könnte. Und dann die Frage nach der Gerechtigkeit …

Pilatus: Jetzt wird's interessant!

Judas: Jesus prangert die Ausbeutung der Kleinen an, er kritisiert die Unterdrückung der Schwachen und Witwen.

Pilatus: Mit welcher Folgerung? Aufruf zur Rebellion? Zum gewaltsamen Widerstand?

Judas: Nein, nein! Jesus setzt seine ganze Hoffnung auf Gott. Er glaubt daran, dass bald schon die neue Welt Gottes beginnt, in der niemand mehr ausgestoßen oder ausgesaugt wird.

Pilatus: Wenn Jesus darauf wartet, dass Gott diese Welt verändern wird, ist er uns nicht gefährlich.

Judas: Ihr habt mich missverstanden: Jesus sieht Gott am Werk, wenn Menschen jetzt schon anders leben. Wenn sie ihren Besitz teilen und die Verarmten an ihren Tisch einladen. Wenn sie ehrlich miteinander umgehen und niemanden mehr betrügen.

Pilatus: (lacht) Und wie viele sind so verrückt, dass sie das tun? Solange es Menschen gibt, die für ein paar Geldstücke ihren besten Freund verraten, bleibt die Macht Roms gesichert.

PROTOKOLL II

Anwesend: Pontius Pilatus, römischer Statthalter in Palästina von des Kaisers Gnaden; Kajaphas, Kollaborateur, Hohepriester in Jerusalem von Gottes Gnaden; Tintus Plumarius, Magister Litterae

Pilatus: Kommen wir gleich zur Sache: Ihr habt mich gebeten, Jesus hinrichten zu lassen. Warum steht er Euch im Weg?

Kajaphas: Er steht Rom im Weg.

Pilatus: Bisher ist er uns nicht aufgefallen. Mag sein, er zieht wie ein Landstreicher durch die Gegend und zahlt keine Steuern. Aber meines Wissens hat er noch nie zur Gewalt aufgerufen oder ein Schwert in die Hand genommen.

Kajaphas: Er ist ein Träumer. Und zwar ein gefährlicher. Denn er hält sich für den Messias. Ihr wisst, dass wir Juden einen Befreier erwarten, der Israel wiederherstellen wird. Wenn dieser Jesus sich für den neuen König Israels ausgibt, könnte daraus eine Volksbewegung werden, die Tumult und Chaos hervorruft. Und das würde ja die römische Ordnung gefährden.

Pilatus: Wie gut, dass Euer Volk nichts davon weiß, wie viel Euch an der römischen Herrschaft gelegen ist … Ich verstehe sehr gut: Ihr profitiert von unserer Zusammenarbeit. Denn die Priester verwalten weiterhin den Tempel mit seinem immensen Geldsegen. Und unsere Soldaten garantieren Euch die religiöse Herrschaft über das Volk und sogar eine Autonomie im Tempelbezirk. Aber mal ehrlich: Warum ist Euch dieser Schwärmer aus Galiläa ein Dorn im Auge?

Kajaphas: Er redet in einer anstößigen Weise von Gott. Als ob er mit Gott Tür an Tür leben würde. Die Wohnstatt Gottes jedoch verehren wir im Tempel. Wir wagen den Namen Gottes nicht auszusprechen. Und er redet so unbedarft von Gott daher und nennt ihn sogar Abba, Papa. Das ist unerhört! Wenn man vor Gott keine Ehrfurcht mehr hat, dann auch nicht mehr vor uns Priestern – und schließlich vor den staatlichen Behörden. Wenn die Hierarchien nicht mehr geachtet werden, wird unser ganzes System zusammenbrechen. Unruhe und Umsturz werden die Folge sein …

Pilatus: Wie viele Anhänger hat dieser Jesus?

Kajaphas: Schwer abzuschätzen. Ihr kennt die Wankelmütigkeit der Masse. Seine Verwandtschaft in Nazaret braucht man nicht zu fürchten: Sie haben ihn aus seinem Heimatdorf fortgejagt! Seither treibt er sich mit zwielichtigem Gesindel herum. Er sitzt sogar mit Prostituierten an einem Tisch.

Pilatus: Wir haben seine Kontakte nachverfolgen lassen: Er pflegt auch gute Beziehungen zu den Zolleintreibern, die ja für uns durchaus systemrelevant sind.

Kajaphas: Mag sein … Aber unsere Gesetze achtet er nicht. Er hält beispielsweise die religiösen Abstandsregeln nicht ein und nähert sich den Aussätzigen. Und überhaupt seine Vorliebe für die Kranken. Die sind doch von Gott gestraft. Wir anständigen Juden halten uns daher von ihnen fern. Aber genau unter solchen Leuten findet seine Botschaft Anklang. Sie hängen an seinen Lippen, wenn er ihnen darlegt, dass mit ihm die neue Welt Gottes beginnt, in welcher die Ausbeutung und Erniedrigung vieler Menschen endlich überwunden wird. Und besonders gefährlich wird es, wenn er behauptet, dass diese neue Welt schon jetzt anbricht.

Pilatus: Weitere Punkte der Anklage …

Kajaphas: Er missachtet unsere religiösen Traditionen. Vor ein paar Tagen hat er im Tempel die Tische der Geldwechsler umgeworfen.

Pilatus: Das ist in der Tat für Euren Betrieb ziemlich geschäftsschädigend …

Kajaphas: Und für Roms Recht und Ordnung bedrohlich! Er nimmt sich zu viel heraus. Er hat nicht einmal eine Ausbildung, um die Heilige Schrift richtig auszulegen. Er stammt aus einem bedeutungslosen Nest und ist Sohn eines Handwerkers. Unmöglich, dass ein solcher Mann im Namen Gottes auftritt! Er lästert Gott. Und darum muss er mit dem Tod bestraft werden!

Pilatus: Um Eure Macht zu erhalten, geht Ihr über Leichen.

Kajaphas: Ich denke, Ihr könnt das nachvollziehen.

Pilatus: Lassen wir es gut sein … Welchen Schuldspruch könnte ich morgen in der Gerichtsverhandlung fällen?

Kajaphas: Politisch korrekt wäre, zu sagen, dass Jesus behauptet, er sei der Messias, der König der Juden. Dabei ist es so lächerlich: Jesus von Nazaret, ein Mann aus der hintersten Provinz, aus dem letzten Kaff – der will der König der Juden sein! *(lacht laut)*

Pilatus: Gut, das genügt. – Ach, noch eines: Lasst Ihr ihn verhaften. Es sieht für das Volk besser aus, wenn seine Hohepriester und frommen Führer mir Jesus überstellen, als wenn meine verhassten Soldaten ihn aufgreifen. Und was Ihr tun müsst, das tut bald!

Nachdem eine Wache den Hohepriester wieder hinausbegleitet hatte, gab der Statthalter mir als Schreiber folgenden Auftrag:
Bereite ein Pergament vor, auf dem der Schuldspruch auf Hebräisch, Lateinisch und Griechisch geschrieben steht: Jesus von Nazaret, der von sich behauptet hat, er sei der König der Juden. – Ach, das ist viel zu lang! Wir machen kurzen Prozess. Schreib einfach: Jesus von Nazaret, der König der Juden.

3. »DE LA VACA – A LA BOCA!«

Kann man sich etwas Bunteres vorstellen als den Indio-Markt von Cochabamba? Tausende von Kleinverkäufern in Blechbuden oder unter Sonnenschirmen, andere mit Körben oder Schubkarren unterwegs, dazu Zehntausende von Käuferinnen und Käufern – und alle in der traditionellen farbenfrohen Kleidung. Und mitten in diesem Wimmelbild ein Gringo, ein Weißer, mit einem Bauchladen.

Mehrere Jahre habe ich in Bolivien gelebt und auf dem großen Indio-Markt von Cochabamba als Joghurtverkäufer mein Glück versucht. Mit meinem Bauchladen, einer Kühlbox aus Styropor, trug ich meinen selbst fabrizierten Joghurt zu Markte. Ich zog vorbei an Decken, auf denen Bananen und Kartoffeln ausgebreitet lagen, oder an Buden aus Wellblech, in denen alles Mögliche und Unmögliche angeboten wurde. Mein Werbeslogan hatte auf Spanisch einen guten Klang: »De la vaca – a la boca!« (Von der Kuh – in den Mund!). Denn mein Joghurt war ein reines Bioprodukt ohne künstliche Aroma- oder Farbstoffe. Den werbewirksamen Spruch hatte Juan erfunden, ein Spanier. Er gehört gemeinsam mit einem Franzosen, einem Ecuadorianer und mir der Ordensgemeinschaft der Kleinen Brüder vom Evangelium an. Nachdem ich als vierter Bruder in unserer bolivianischen Niederlassung unweit von Cochabamba angekommen war, musste ich mir einen Job suchen. Den Regeln unseres Ordens gemäß bemühen wir uns, das Leben der einfachen Leute zu teilen und entsprechend unseren Lebensunterhalt zu verdienen. Unsere Nachbarn besaßen jeweils zwei oder drei Kühe. Jeden Morgen kaufte ich bei ihnen Milch, um daraus Joghurt herzustellen, den ich dann in einem öffentlichen Bus zum Indio-Markt von Cochabamba transportierte. Schnell fand ich auch Kontakt zu anderen Bauchladen-Inhabern, kaute mit meinen Kolleginnen und Kollegen Kokablätter und redete übers Wetter und das Geschäft, über Gott und die Welt.

Eines Tages kam mein jüngster Bruder aus Deutschland zu Besuch. Ich wollte ihm auch meinen »Arbeitsplatz« zeigen und so bummelten wir zu zweit durch Cochabamba. Doch es war anders als sonst: Jetzt kamen zerlumpte Indios auf uns zu, um uns anzubetteln. Straßenkinder umringten uns und wollten Kugelschreiber und Kaugummis verkaufen. Das war mir vorher nie passiert ... Mit einem Schlag wurde mir klar: Zwei Weiße, in ordentlicher Kleidung und mit einer Fototasche ausgerüstet, waren als Touristen erkennbar – und wurden entsprechend behandelt. Vorher war ich immer mit meiner Joghurtbox unterwegs gewesen und somit für die Indios einer von ihnen. Man bettelte mich nicht an, weil ich als Straßenverkäufer auch nicht viel verdiente. Aber jetzt wurden mein Begleiter und ich ganz anders eingeschätzt.

Diese Erfahrung gab mir lange zu denken. Als Christ glaube ich, dass Gott sich in Jesus von Nazaret gezeigt hat: Er ist Mensch geworden, um unser menschliches Leben zu teilen. Er hat uns *besucht,* heißt es im Lukasevangelium (1,78). Aber Gott kam nicht als Tourist, um die Welt zu besichtigen. Touristen schauen sich gewöhnlich ein wenig um – und ziehen dann wieder weiter, zur nächsten Sehenswürdigkeit. Gott dagegen wollte in Jesus von Nazaret mitten in unserer Welt *wohnen,* wollte radikal einer von uns werden. Warum eigentlich?

Wer sich für einen anderen Menschen interessiert, wer ihn wirklich kennenlernen und ihm nahe sein will, der wird ihm nicht nur eine Stippvisite abstatten. Freunde kommen nicht nur zu einem Blitzbesuch. Sie wollen miteinander Zeit verbringen und gemeinsam etwas unternehmen. Die Liebende will ganz beim Geliebten wohnen und dessen Leben und Alltag teilen. Und weil Gott die Freundschaft des Menschen sucht, wird er einer von uns. Denn es ist ja wohl etwas anderes, ob Gott das menschliche Leben nur aus der Ferne kennt – oder ob er unser Schicksal »am eigenen Leib« erlebt. Für uns Menschen macht es auf jeden Fall einen Unterschied: an einen Gott zu glauben, der aus Liebe unser menschliches Geschick teilt und unseren Weg mitgeht, mit allem, was dazugehört – und nicht an einen Gott, der unberührbar über allem thront.

In Jesus von Nazaret teilt Gott die Lebensbedingungen aller Menschen: Geburt und Wachstum, Familie und Beziehungen, Arbeit und Feste, Glück und Misslingen,

Krankheit und Tod. Der Schöpfer sieht seine Welt nun mit den Augen des Geschöpfs, und das verändert seine Sichtweise: Er kann mit uns leiden und mitfühlen (Brief an die Hebräer 4,15).

Gott wollte als Mensch unter Menschen leben – und zwar ausgerechnet in Nazaret. Hier wird die Vorliebe Gottes für diejenigen sichtbar, die auf der Schattenseite des Lebens hausen müssen. Die von den anderen verachtet oder verlacht werden. Die Pech gehabt oder sich selbst ins Abseits manövriert haben. *Nazaret* steht für die Vergessenen, die Ausgebeuteten, die Benachteiligten. Damit wird zugleich deutlich, dass Gott sich nicht zum Komplizen der Reichen und Mächtigen macht, sondern sich auf die Seite derer schlägt, die keine Lobby haben.

In Jesus hat Gott ein Leben am Rand der Gesellschaft gewählt, um gerade den Menschen nahe zu sein, die nach den üblichen Maßstäben unserer Welt nichts gelten. Jesus wuchs nicht in einem Palast auf, sondern lebte als einfacher Handwerkersohn in einem unscheinbaren Dorf. Für seine Zeitgenossen war er »der Zimmermann« beziehungsweise »der Sohn des Zimmermanns«. Der griechische Begriff »tekton« meint eigentlich den »Bauhandwerker«.

Die Erfahrung aus 30 Jahren Nazaret bildet den Kern der späteren Predigten Jesu und seiner Spiritualität. Jesus stammte aus einfachen Verhältnissen. Vielleicht konnte er deshalb über das Reich Gottes in einer Schlichtheit und Tiefe sprechen, die den Schriftgelehrten abging. Er jubelte geradezu über die Einsicht, dass Gott sich den Klugen und Weisen dieser Welt verbirgt, den Unmündigen und Kleinen aber zeigt (Matthäusevangelium 11,25). Daher kann man sagen: Das Gute kommt aus Nazaret! Denn die kleine Welt dieses Dorfes prägte das Gottesbild, die Lebensweise und die Haltung Jesu, die vor allem eine Parteinahme für die Kleinen und Armen war.

Schließlich hat Jesus am eigenen Leib erfahren, was es heißt, ausgestoßen und abschätzig behandelt zu werden. Von seiner eigenen Familie unverstanden und aus dem Heimatdorf vertrieben, geht er auf Menschen zu, die wegen einer Krankheit, einem anrüchigen Beruf oder ihrer sozialen Rolle diskriminiert werden. Ihnen gilt in besonderer Weise die Nachricht von Gottes neuer Welt, in der alle Menschen – von Gott gleichermaßen geliebt – einander Schwestern und Brüder werden. Und diese neue Welt beginnt jetzt: Wenn Menschen nicht mehr an sich selbst festkleben, sondern bereit sind zum uneigennützigen Dienst an den andern, vor allem an den Armen und Entrechteten.

Jesu besondere Zuwendung zu den Verachteten wird ihm von den Schriftgelehrten und Hohepriestern allerdings negativ ausgelegt. Die Konflikte Jesu mit den religiösen und zivilen Autoritäten seiner Zeit entzünden sich an seiner nazarenischen Spiritualität: Denn er beansprucht für sich, einen armen Galiläer, der keine theologische Bildung besitzt und nicht der Priesterklasse zugehört, eine besondere Nähe zu Gott. Und genau das wird ihm zum Verhängnis. Er wird hingerichtet wie ein Sklave, er stirbt wie ein Verbrecher.

Nach der Auferstehung Jesu werden seine Jüngerinnen und Jünger aufgefordert, ausgerechnet nach Galiläa zurückzukehren. Der Auferstandene erscheint nicht auf der Zinne des Tempels in Jerusalem, sondern in der tiefsten Provinz – in Galiläa. Der Messias, der Christus Gottes, zeigt sich dort, wo man ihn nie suchen würde: im verspotteten Nazaret, am Ort des Gewöhnlichen, in der Tretmühle der Arbeit, bei den *outcasts* und *underdogs*, den Ungebildeten, bei den religiös nicht Koscheren, im Galiläa der Heiden: »Dort werdet ihr ihn sehen!« (Markusevangelium 16,7)

Als das Markusevangelium geschrieben wurde, tobte eine landesweite römische Strafaktion gegen Aufständische, der sogenannte Jüdische Krieg, mit entsetzlicher Grausamkeit. Auch im seit jeher unruhigen Galiläa kam es zu blutigen Massakern. Die Aufforderung an die Jüngerinnen und Jünger, nach Galiläa zu gehen, meint daher nicht die Rückkehr in die liebliche Landschaft und Idylle am See Genezareth. Der Fingerzeig Richtung Nazaret zielt vielmehr auf ein todernstes Programm: Geht in die Provinz zu denen, auf die man verächtlich herabschaut! Geht sogar an den Ort der Zerstörung und Katastrophe, des Scheiterns und Sterbens! Geht dorthin, wo euch die Not erwartet und Menschen vor Hunger umkommen! Selbst wenn in dieser Gegend Krieg und Gefahr drohen, könnt ihr mutig und voller

Hoffnung dorthin aufbrechen: Denn dort werdet ihr dem auferstandenen Christus begegnen!

Nazaret steht also nicht nur für einen geografischen Ort, sondern für eine Option. Für eine Lebensweise, einen spirituellen Stil. Jesu Herkunft aus Nazaret hatte sein konkretes Leben und seine Botschaft geprägt. Dies sollte auch auf seine Anhänger abfärben. Ganz auf dieser Linie wollen sich die Kleinen Brüder auf dem Markt von Cochabamba und sonst wo auf der Welt an der Lebensform von *Nazaret* orientieren.

nazaret

im graubunten
galiläer allerlei
monotones hinundher
treppauftreppab
jahrausjahrein

das leben pulsiert im rhythmus
von hammer und säge
die hobelspäne der zeit
fallen auf den boden
der normalität

inmitten dieser symphonie
aus eintönigkeiten
völlig unspektakulär
das göttliche
präsent

4. EIN MAROKKO-FORSCHER
ENTDECKT NAZARET

Wie bin ich nach Bolivien, wie zur Ordensgemeinschaft der Kleinen Brüder geraten? Ich habe viele Jahre in Deutschland in einem kirchlichen Dienst gearbeitet, als Hochschulseelsorger und als Direktor eines Priesterseminars. Doch ich habe mich als Pfarrer in einer Gemeinde und auch in den Leitungsfunktionen nie ganz daheim gefühlt. Eine innere Unruhe trieb mich um. Was fehlte mir? Lange konnte ich es nicht auf den Punkt bringen. Mit der Zeit wurde mir immer deutlicher: Ich sehnte mich nach einem anderen Lebensstil.

In einem Gespräch mit einem Vorgesetzten kam mir spontan über die Lippen: »Ursprünglich wollte ich mal Jesus nachfolgen. Und jetzt bin ich ein Beamter geworden.« Ich erschrak selbst über diese Formulierung. Doch sie brachte mein Unbehagen zum Ausdruck: Ich lebte in einem gesellschaftlichen System, in dem vieles abgepolstert ist und der Dienst nach Vorschrift zählt. Ich störte mich daran, dass ich so wenig Solidarität mit den Menschen leben konnte, die von diesem System abgehängt waren. Ich sehnte mich nach einem einfacheren und solidarischeren Lebensstil; ich wollte meinen Alltag mit anderen, mit Gleichgesinnten teilen; und ich wünschte mir auch mehr Zeit für Stille und Gebet, um nicht zu verflachen. Denn das göttliche Grundwasser wartet in der Tiefe. Und der Brunnen muss immer wieder von Sand und Unrat befreit und bisweilen sogar ganz neu gebohrt werden. Ich spürte, dass ich in Resignation verfallen könnte, wenn ich mich im Oberflächlichen verliere.

Womit jedoch kann das Feuer der Hoffnung genährt werden? Wie kann ich erfahren, dass mein konkreter Einsatz für eine bessere Welt nicht ins Leere läuft? Welche Elemente können helfen, meiner ursprünglichen Faszination von Jesus treu zu bleiben und sie ins konkrete Leben zu übersetzen?

Im Leben von Charles de Foucauld fand ich zahlreiche Anregungen für meine Sehn-Suche, die mich schließlich zu den Kleinen Brüdern vom Evangelium führte. Was mich an diesem Mann fasziniert hat: Er hat mir aufgeschlüsselt, wie ich *Nazaret* leben kann!

Charles de Foucauld (1858–1916) entstammte einer begüterten adeligen Familie. Nach dem frühen Tod seiner Eltern schlug er, der Tradition seiner Familie folgend, eine militärische Laufbahn ein. Er ließ sich von der nihilistischen Atmosphäre seiner Zeit prägen, in der ein Glaube an Gott keinerlei Bedeutung mehr hatte. Das ererbte Geld warf er mit beiden Händen aus dem Fenster und war für seinen ausschweifenden Lebensstil berüchtigt. Allerdings füllten ihn die Vergnügungen nicht wirklich aus, und er verspürte oft eine innere Leere. Ein Militäreinsatz in der algerischen Sahara, die damals dem französischen Kolonialreich einverleibt wurde, veränderte sein Leben. Zum Erstaunen seiner Kameraden verwandelte sich der Partylöwe aus Paris in einen Wüstenfuchs. Nach einer lebensgefährlichen Forschungsreise durch Marokko kehrte er nach Paris zurück. Äußerlich betrachtet war er ein bekannter und gefeierter Abenteurer, innerlich hingegen war er aufgewühlt und voller Fragen. Was war passiert?

Der Anblick der betenden Muslime in Marokko hatte Charles de Foucauld tief beeindruckt. Jetzt zog es ihn in eine Kirche von Paris, wo er mit einem Priester über seine Fragen diskutieren wollte. Der erkannte hellsichtig, dass für Charles de Foucauld keine intellektuelle Auseinandersetzung, sondern eine existenzielle Entscheidung anstand. Die Aufforderung zu beichten und sein Leben damit in Gottes Hand zu legen, brachte die Wende. Charles war von dieser Erfahrung tief bewegt und fand zum Glauben an Gott. Gemäß seiner Haltung, die Dinge mit vollem Einsatz zu tun, wählte er den Weg in einen strengen Orden und in ein armes Kloster, nämlich eine Niederlassung der Trappisten in Syrien. Seinem Forscherfreund Duveyrier, der mit dem christlichen Glauben nichts anfangen konnte, schrieb er: »Warum ich bei den Trappisten eingetreten bin? Aus Liebe, aus reiner Liebe. Ich liebe unseren Herrn Jesus Christus und kann es nicht ertragen, ein anderes Leben als das seine zu führen. Ich möchte nicht in der ersten Klasse durch das Leben fahren, während der, den ich liebe, es in der letzten durchquert hat.«

Nach einigen Jahren im Kloster musste Charles de Foucauld miterleben, dass die syrischen Christen in der Nachbarschaft auf Befehl des türkischen Sultans massakriert wurden – während die Mönche aus Frankreich unbehelligt blieben. Dies weckte in ihm den Wunsch, Christus in einer anderen Weise nachzufolgen: Wenn Gott aus Liebe zum Menschen einen Weg des Abstiegs und der Armut gewählt hat, so wollte auch Charles ein Leben führen, das mit Jesus – und damit auch mit den Armen und Ohnmächtigen – *solidarisch* ist.

Er gab die Sicherheit der Klostermauern auf und zog im Jahr 1897 nach Nazaret in Palästina, um sich dem Geheimnis der Menschwerdung Gottes zu nähern: In diesem Dorf hatte Gott das unscheinbare Leben eines Handwerkers gewählt, um dem gewöhnlichen Alltag der Menschen nahe zu sein.

Charles freute sich daher, in Nazaret als Hausknecht eines Klarissenklosters seinem geliebten Herrn geografisch und im Lebensstil so nahe zu sein. Tage und Nächte verbrachte er damit, die Texte des Evangeliums zu meditieren und die Gegenwart Christi in der Eucharistie zu verehren. Diese Gebetsform sprach ihn besonders an. Denn in der Gestalt des Brotes fand er das Geheimnis der Menschwerdung Gottes wieder, das ihn tief berührt hatte: Gott macht sich klein und schenkt seine Nähe in einem unscheinbaren Stück Brot.

Dieser innere, kontemplative Weg führte Charles de Foucauld zur Einsicht, dass er den *Stil von Nazaret* überall leben konnte. Und dass er ihn dort leben wollte, wo er für andere möglichst *nützlich* ist. Der Logik der Menschwerdung Gottes folgend zog es ihn zu den Armen und Elenden, zu den Ausgestoßenen und Außenseitern. Deren Leben und Geschick wollte er teilen und ihnen Bruder werden, denn in den Geringsten seiner Brüder und Schwestern ist Jesus – wie im Brot der Eucharistie – selbst gegenwärtig. Gerade Menschen, auf die man abfällig herabschaut, wollte Charles de Foucauld spüren lassen, dass sie von Gott nicht vergessen sind.

Daher kehrte er wieder in die Sahara zurück. Dort wollte er den Alltag von Menschen teilen, die am Rand der den Europäern damals bekannten Welt und auch ohne Kenntnis der christlichen Religion lebten. Er tauchte gänzlich in die Lebensbedingungen und Kultur dieser Menschen ein. Durch seine Gastfreundschaft und durch die Sorge für die Armen und Kranken wurde er vielen Menschen ein wirklicher Bruder. Die letzten 15 Jahre seines Lebens verbrachte er mit dem Beduinenstamm der Tuareg; er schloss dieses Volk in sein Herz, studierte seine Sprache und lernte seine Traditionen schätzen.

Zugleich träumte er von einer kleinen Gemeinschaft von Brüdern, denn er hatte das Leben der Familie Jesu in Nazaret als Modell für seine eigene Lebensgestaltung vor Augen. Doch die Gründung einer solchen Gemeinschaft ließ sich zu seinen Lebzeiten nicht verwirklichen.

In den Wirren des Ersten Weltkriegs kam es auch im Süden der Sahara zu Unruhen, bei denen Charles de Foucauld durch aufgehetzte Beduinen am 1. Dezember 1916 erschossen wurde. Einige Jahre nach seinem Tod ließen sich zahlreiche Menschen durch sein Vorbild inspirieren. Es entstanden verschiedene Gemeinschaften – unter ihnen die Kleinen Schwestern und Kleinen Brüder oder auch die »Gemeinschaft Charles de Foucauld« – die im Geist von *Nazaret* versuchen, ein mit den Armen solidarisches Leben zu führen.

Von Charles de Foucauld ausgehend sind mir persönlich für den Lebensstil von *Nazaret* folgende Elemente wichtig geworden:

- den konkreten Alltag achten und als privilegierten Ort der Nähe Gottes erfahren lernen.
- meinen Selbstwert weniger aus Erfolg und Ansehen beziehen, sondern aus der Verankerung in Gott.
- ein einfaches Leben führen – und dies in Solidarität mit Menschen, die gering geschätzt werden.
- in eine geschwisterliche Haltung hineinwachsen, indem ich in einer konkreten Gemeinschaft lebe.
- die Stille und das Gebet pflegen. Sie sind es auch, die meine Hoffnung nähren, dass mein Einsatz für eine bessere Welt sinnvoll ist.

Auch wenn die Suche von Charles de Foucauld ihn in ferne Länder führte – der Lebensstil von *Nazaret* entscheidet sich nicht am äußeren, sondern am inneren Aufbruch. Er kann gerade an Ihrem Ort beginnen: Dieses Buch lädt Sie daher zu einem alternativen Lebensgefühl und Lebensstil ein. Geschichten und Gedichte wollen Anstöße geben, hier und jetzt *nazarenisch* zu leben – und nicht zu warten, bis sich die da oben in Rom, Jerusalem, Berlin oder Washington endlich ändern. Also nicht ohnmächtig auf die Mechanismen einer globalisierten Wirtschaftswelt starren, sondern selbstmächtig anders wirtschaften. Nicht nur Gleichheit und Menschenwürde auf Transparente schreiben, sondern selbst für diese Werte transparenter werden.

Und sich nicht lähmen lassen von negativen Meldungen, sondern an die gute Nachricht glauben, an die Frohe Botschaft.

Wer auf eine solche Hoffnung bauen will, braucht ein solides Fundament. Daher möchte ich im Folgenden wichtige Bausteine einer nazarenischen Lebensweise näher in den Blick nehmen.

in extremis

du stürzt dich
in die Welt
sie auszukosten
bis aufs Letzte
doch es bleibt
ein fader Nachgeschmack

du flüchtest
aus der Welt
um Gott zu finden
am letzten Platz
doch die Klausur
wird dir zu eng

du gehst zu Fuß
bis ans Ende der Welt
zu einem gottverlassenen Volk
und entdeckst dort zuletzt
den Gottesglanz der Welt
und das Menschenantlitz Gottes

5. »NUR DAS GEWOHNTE IST UM UNS«

Marie Luise Kaschnitz macht in ihrem bekannten Gedicht »Auferstehung« auf eine wesentliche spirituelle Erfahrung aufmerksam: Mitten am Tag können wir im Gewöhnlichen »eine geheimnisvolle Ordnung« finden. Ganz auf dieser Linie versuchen Familien und Singles, die der »Gemeinschaft Charles de Foucauld« angehören, im täglichen Einerlei Gottes Spuren zu entdecken. Sie lassen sich dabei von der Spiritualität von *Nazaret* leiten. Magdalena gehört schon seit vielen Jahren dieser Gemeinschaft an und berichtet folgende Begebenheit:

Auf der Heimfahrt von einem Treffen unserer Gemeinschaft sprach mich am Bahnhof eine Frau an. An ihrer Sprache hörte ich, dass sie Ausländerin war. Ich fragte nach ihrer Herkunft, und schon begann sie, mir ihr Herz auszuschütten. Im Zug setzte sie sich zu mir und erzählte, dass sie einen Bauernhof hatte und wie sehr ihr das Wohlergehen der Tiere am Herzen lag. Nach zwei trockenen Sommern in Folge konnte sie den Hof nicht halten und musste alle Tiere weggeben. Das habe ihr das Herz gebrochen und sie an die Flasche gebracht. In der Tat nahm sie alle paar Minuten einen Schluck Wasser zu sich – und einen kräftigen Schluck Korn aus ihrem »Flachmann«.

Nach einigen Stationen stieg eine geistig behinderte Jugendliche ein, setzte sich zu uns und stellte gleich recht verstörende Fragen. Meine Reisebegleiterin ging ausgesprochen liebevoll auf das Mädchen ein. Die beiden hatten riesigen Spaß miteinander, der Lärmpegel stieg, denn der Alkohol machte sich bemerkbar. Dann fragte das Mädchen uns, ob wir Cola mögen. Die Frau erklärte ihr, Cola sei nicht gesund. Das Mädchen konterte, dass auch Schnaps nicht gesund sei.

Schließlich holte die Frau eine Tüte aus ihrer Tasche mit einer Scheibe trockenen Brotes und bot dem Mädchen davon an. Das nahm die Hälfte und meinte dann, jetzt müsse sie mir aber auch etwas davon geben. Ich wollte das Angebot erst gar nicht annehmen, denn das Brot war gewiss ihr Mittagessen. Doch die Frau insistierte und teilte mit mir den verbliebenen Rest. Für einige Augenblicke trat eine geradezu andächtige Stille ein.

Geteiltes Leben, geteilte Freude, geteiltes Brot – »Nehmt und esst« – Abendmahl – schoss es mir durch den Kopf. Es sollte für mich die letzte »Eucharistiefeier« für mehrere Monate sein, denn nur wenige Tage danach wurden die Kirchen wegen der Coronakrise geschlossen.

Im Gewöhnlichen das Außergewöhnliche finden, im Tagesgeschäft das Geschenk der Gegenwart Gottes: Dieser Aspekt von *Nazaret* gehört zu den großen Entdeckungen, die Charles de Foucauld auf seiner abenteuerlichen Lebensreise gemacht hat. Sein Weg zu dieser Erkenntnis ist lang. In jungen Jahren will er durch seine Extravaganz auffallen, die er bei ausgelassenen Festen zur Schau stellt. Selbst als Soldat tanzt er aus der Reihe und provoziert seine Vorgesetzten, indem er eine Freundin aus zwielichtigem Pariser Milieu mit sich führt. Charles will sich nicht in sein Privatleben hineinreden lassen und quittiert kurz entschlossen den Militärdienst. Jetzt lockt ihn das Königreich von Marokko, das zu betreten für christliche Europäer damals bei Todesstrafe verboten ist. Charles gibt sich als Jude aus und reist ein Jahr lang durch das Land, um es geografisch zu erforschen. Sein wissenschaftlicher Reisebericht über dieses Abenteuer bringt ihm die Goldmedaille der Geographischen Gesellschaft Frankreichs ein. Mit einem Schlag ist Charles berühmt und hat seine Besonderheit unter Beweis gestellt. Er ist am ersehnten ersten Platz angekommen!

Genau zu der Zeit jedoch treibt ihn die Frage nach Gott um. Seine Bekehrung zum christlichen Glauben mobilisiert erneut den Drang zum Extravaganten. Diesmal mit umgekehrtem Vorzeichen: Jetzt sucht Charles, wieder in extremer Form, den letzten Platz. Er will mit Ruhm und Ehre nichts mehr zu tun haben, sondern taucht ab in ein strenges und armes Schweigekloster, dann in eine Klause in Nazaret und schließlich in die Verlorenheit der Sahara.

Nach und nach geht ihm auf, dass Nazaret ein Ort ist, an dem Gott auf außergewöhnliche Weise gewöhnlich wurde. Das Besondere an einer Spiritualität von *Nazaret* liegt also genau darin, nichts Besonderes zu suchen.

Sondern den Alltag als den Raum zu erkennen und an-
zuerkennen, an dem Gott mitten unter den Menschen
wohnt.

Die göttliche Gegenwart im ganz Normalen und sogar
Banalen zu entdecken, dazu braucht es eine ähnliche
Aufmerksamkeit wie bei einer geografischen Expedi-
tion. Um diese Blickweise zu schärfen, treffen sich verschiedene Gemeinschaften, die sich von Charles de
Foucauld inspirieren lassen, zu einem sogenannten
Nazaret-Monat: Familien und Priester leben ein paar
Wochen lang in einer einfachen Unterkunft zusammen;
einige arbeiten handwerklich, etwa an der Sanierung
eines Gebäudes, das einem sozialen Zweck dient, andere kümmern sich um die Hausarbeiten; auch Spiel und
Feier stehen auf dem Programm. Im Schweigen, im gemeinsamen Gebet und im Austausch versuchen sie, ihr
konkretes Tun auf seine spirituelle Tiefe zu erschließen.
    Diese Sichtweise lässt sich in jedem beliebigen All-
tagstrott einüben! Denn das gewöhnliche Leben ist ein
facettenreiches Bild des Göttlichen, das es nur zu lesen
gilt. »Gott ist da und ich wusste es nicht«, staunt schon
der biblische Jakob. (vgl. Genesis 28,16) Teresa von Ávila
ist davon überzeugt, dass man Gott auch zwischen den
Kochtöpfen finden könne.
    Wenn Menschen bei der Besichtigung eines Klosters
erfahren, dass etwa die Kartäuser um ein Uhr morgens
aufstehen, um zu beten, so wird dies oft mit Erstaunen
und großem Respekt aufgenommen. Wenn hingegen

eine Mutter oder ein Vater um ein Uhr aufstehen, weil ihr Kind weint, dann wird dem zu Unrecht spirituell meist kein großer Wert beigemessen. Und wenn eine Frau über Jahre den demenzkranken Vater wie selbstverständlich versorgt und pflegt, so ist doch auch dies eine Form von Gottesdienst!

Genau diese Perspektive will eine von *Nazaret* geprägte Spiritualität erschließen: Sie will die Augen öffnen für die göttliche Dimension im Kleinkram des Alltags, um diesen neu sehen und schätzen zu lernen. Um im täglichen Einerlei die vielen kleinen Chancen wahrzunehmen, den allergewöhnlichsten Tagesablauf mit Leidenschaft zu leben. Um in der scheinbaren Banalität das Sensationelle zu spüren und sich am inneren Leuchten jener Menschen zu freuen, die nicht im Rampenlicht der Öffentlichkeit stehen. Wer in dieser Weise lernt, über eine lange Weile mit den gleichen Abläufen zufrieden zu sein, dem bringt das Tagesgeschäft keine Langeweile, sondern Frieden. Im Gewöhnlichen zu wohnen, das ergibt natürlich kein spektakuläres Feuerwerk, aber eine stetig wärmende Glut.

Es steht außer Frage, dass es bedeutsame Augenblicke im Leben eines Menschen gibt, in denen eine besonders tiefe Erfahrung von Gottes Nähe geschenkt wird: in einer großen Liebe, im Wunder der Geburt eines Kindes, im Glück, das einem unerwartet zufällt. Solche Momente gleichen einer Rose, deren Schönheit und Duft uns berührt. Auf der Wiese des Alltags dagegen blühen viele kleine Feldblumen. Sie fallen nicht besonders auf und stechen nicht heraus. Aber zusammen bilden sie einen farbenfrohen Teppich des Lebens.

Ganz in diesem Sinn erteilt Marie Luise Kaschnitz in ihrem Gedicht »Auferstehung« den spektakulären Visionen einer neuen Welt eine Absage: Ein Paradies mit Palmen und friedlichen Löwen ist eine Fata Morgana! Dagegen kann sich Auferstehung jetzt schon ereignen, mitten im täglichen Einerlei: »Nur das Gewohnte ist um uns.« Genau darin leuchtet freilich schon eine andere Dimension auf: Im Alltäglichen spiegelt sich eine geheimnisvolle Ordnung und das Unscheinbare weist schon über sich hinaus auf ein »Haus aus Licht«.

lob des gewöhnlichen

tag für tag
zur goldmundstunde
keine kalte dusche
sondern wohltemperierte schauer
im briefkasten draußen
erwartet mich schon
druckfrisch die morgenpost
und nach dem ersten schluck kaffee
ein versonnener blick aus dem fenster

morgen für morgen
stets das gleiche
ritus einer routine
und dennoch
nie langweilig
immer immer neu
frisch wie der morgentau
staunenswert
dankenswert

6. WER INTEGRIERT HIER WEN?

Bernhard und Lukas leben schon seit Jahrzehnten als Kleine Brüder in Duisburg-Marxloh. Viele Jahre arbeitete Bernhard auf der Zeche, unter Tage. Sein Steiger und mehrere Kumpels stammten aus der Türkei. In jeder Schicht tauschten sie einen Satz aus, sodass Bernhard 1000 Meter unter der Erde Türkisch und die Kumpels Deutsch lernen konnten. Auch oberirdisch entstanden viele Kontakte: Bernhard ist im Beirat für die neue Moschee in Marxloh und auch bei vielen anderen Aktivitäten im Stadtteil engagiert. So wird er von manchen liebevoll als »Rumläufer von Marxloh« bezeichnet. Für den Aufbau seiner Kontakte kommen ihm sein Sprachtalent und seine leutselige Art sehr zugute.

Bei einem seiner »Rundgänge« trifft er an einem Supermarkt auf eine aus Bosnien stammende Frau, die sich mit vier Einkaufstaschen abschleppt. Das Handy in der Hand, versucht sie, ihren Mann zu erreichen, und schimpft lautstark: »Der kriegt den Hintern wieder nicht aus dem Bett!« Bernhard geht auf sie zu und fragt: »Kann ich helfen?« Die Frau nimmt sein Angebot gerne an und so gehen sie mit den schweren Taschen gemeinsam durch die Agnesstraße. Mit einigen türkischen Bekannten, denen sie begegnen, tauscht sich Bernhard kurz aus und grüßt freundlich: »Merhaba!« Auf der Mittelstraße treffen sie Sabrina, die aus Italien stammt. »Buon giorno, Sabrina!« – »Buon giorno, Bernhard!« Nun fragt Bernhard die Frau, die er begleitet: »Wie sagt man in eurer Sprache: Guten Tag?« Sie antwortet: »Dobar dan!« Worauf Bernhard wiederholt: »Dobar dan, wieder etwas gelernt.« Darauf lacht die Frau aus Bosnien ihn an und sagt: »Kumpel, du bist hier aber gut integriert!«

Die Anhängerinnen und Anhänger Jesu bezeugten, dass Gott für sie in diesem Mann aus Nazaret anschaulich wurde. Sie erkannten den göttlichen Glanz auf einem menschlichen Gesicht. Und so formulierten sie ihren Glauben, dass Gott in einem Zimmermann in Galiläa Mensch geworden ist.

In Jesus zeigt sich das »Interesse« Gottes an dieser Welt, das – so die wörtliche Übersetzung des lateinischen *inter esse* – »dazwischen sein«: Er lebt mittendrin und teilt das menschliche Schicksal. Gott wird Mensch, in einer ganz bestimmten Umwelt und Kultur. Er pflegt keine »heilige« Sprache, wie es für die Juden damals das Hebräische war. Er bedient sich auch nicht des Griechischen, der Hochsprache der Gebildeten und Vornehmen. Vielmehr spricht er die Volkssprache Aramäisch – und dies in einem unverkennbaren Dialekt, der in Galiläa üblich ist. Dadurch verrät sich Petrus, als er in Jerusalem leugnet, Jesus zu kennen. Er wird enttarnt: »Du kommst doch auch aus Galiläa!«

Johannes lässt sein Evangelium mit einem erhabenen Lied auf das »Wort« Gottes beginnen, das in Jesus Mensch geworden ist. Dieses »göttliche Wort« freilich … spricht Dialekt! So wird offenbar, dass Gott sich nicht in abgehobenen Begriffen oder an besonderen Orten zeigt, sondern im ganz und gar Menschlichen.

Nazaret zielt daher auf eine ganzheitliche Spiritualität. Es gibt keine Grenzlinien mehr zwischen dem Geistlichen und Weltlichen; keine Unterscheidung zwischen »reinen« und »unreinen« Orten oder Speisen; keine Gräben zwischen dem religiösen und gesellschaftlichen Leben. In vielen Religionen wie etwa dem Judentum oder dem Islam spielt diese Trennung bis heute eine große Rolle. Und selbst bei Christinnen und Christen würden viele von ihrem Empfinden her sagen: Eine Kirche ist ein heiliger Raum. Eine Sporthalle hingegen ist profan. Viele erleben die Natur, einen Blick auf das Meer, einen Sonnenuntergang als etwas Mystisches. Aber die Betriebsamkeit, die Hektik einer Stadt – und selbst ihre Skyline – betrachten sie als etwas Profanes.

Die Spiritualität von *Nazaret* will diese Zweiteilung der Welt überwinden: Sie macht darauf aufmerksam, dass man Gott in den einfachen Dingen und Normalitäten des Alltags begegnen kann. Und zwar in allen! Denn in Jesus von Nazaret hat sich Gott selbst säkularisiert: Er wohnt nicht in einem erhabenen Tempel, sondern auf einer staubigen Baustelle in Nazaret. In allem Weltlichen und nicht bloß an ausgewählten religiösen Stätten ist das Göttliche präsent. Und kann folglich an jedem Ort, in jeder Sprache, in allen Kulturen gefunden werden. Um etwa im Gebet mit Gott zu reden, muss man sich keiner besonderen, heiligen Sprache bedienen, sondern darf losplappern, wie einem der Schnabel gewachsen ist. Man muss auch keine weiten Wallfahrten zu ausgefallenen Gurus unternehmen oder sich in karge Ashrams flüchten, um dort ganz in der Versenkung zu verschwinden. Es reicht, aus sich selber herauszugehen und den Mitmenschen zu begegnen, um ganz überraschend auf Gott zu treffen. Im Nächsten, vor allem im Bedürftigen und Unterdrückten, begegnet uns der Anspruch Gottes. Um Gott zu finden, braucht es also nur eines: Menschlichkeit.

Ganz auf dieser Linie hat Charles de Foucauld »das warme Nest von Nazaret« verlassen, wie er einmal schreibt. Ihn zieht es mitten in die Sahara, zum Beduinenstamm der Tuareg. Er studiert die Sprache dieses Volkes, schreibt die bis dahin nur mündlich überlieferten Gedichte auf und lernt die Kultur des Wüstenvolkes schätzen. Zu einer Zeit, in der ein arroganter Kolonialismus die französische Sprache und Kultur nach Algerien exportiert, wählt er den umgekehrten Weg. So gut er es vermag, integriert er sich in die Sitten und Bräuche der Tuareg – so wie Gott sich in Jesus mit Haut und Haar in unsere Welt integriert hat.

Bernhard in Duisburg hat die Konsequenz aus einer nazarenischen Spiritualität gezogen: Über viele Jahre hat er versucht, die Sprachen der Menschen aus anderen Ländern und Kulturen, die in der Nachbarschaft leben, zu lernen. Integration wird oft einseitig gefordert: »Die sollen Deutsch lernen!« Aber jede echte Beziehung baut auf Gegenseitigkeit. Und wenn man auch die Sprache der anderen vielleicht nicht erlernen kann, kann man sich wenigstens für ihre Kultur interessieren, für ihre Herkunft und ihre Geschichte. Wo Menschen Fremden aufgeschlossen begegnen und ihre Traditionen wertschätzen, leben sie einen zentralen Aspekt von Nazaret.

mitten in der Welt

unser Stadtviertel
ist unser Kloster
und die belebten Straßenkreuzungen
sind unser Kreuzgang
unsere Klosterwerkstätten
sind die Fabriken
und unsere Gebetszeiten
werden von der Stechuhr diktiert
unsere Fürbitten
stehen in der Zeitung
die Probleme der Nachbarn
hören wir als Tischlesung
und ihre Lebensgeschichten
sind unsere Bibliothek
die Gesichter der Menschen
sind die Ikonen die wir verehren
und im leidgezeichneten Antlitz
schauen wir auf den Gekreuzigten

7. SCHWARZARBEIT – GANZ IN WEISS

Dieser verdammte Bordstein! Warum muss man in Neapel die Autos auch immer auf dem Gehsteig parken! Das kann ja nur schiefgehen. Silvano, ganz im weißen Malerdress und einen schweren Kübel weißer Farbe auf der linken Schulter, steuert zwischen zwei eng geparkten Autos auf einen Hauseingang zu.

Dieser verfluchte Bürgersteig! Armer Silvano, der ja ohnehin etwas ungeschickt ist, er stolpert – und der Plastikkübel mit zehn Litern weißer Farbe knallt auf das Dach eines schon ziemlich verbeulten Fiat Uno. Es kommt noch schlimmer: Der Deckel springt auf und die weiße Farbe ergießt sich über das dunkelblaue Fahrzeug. Munter und unaufhaltsam läuft ein gebrochenes Weiß vom Autodach über die Scheiben, fließt über Kühlerhaube und Türen, strömt auf die Straße.

Wirklich ergiebig, diese Farbe, die eigentlich für Zimmerwände gedacht war. Und gut deckend. Auch Silvanos Gesicht ist kreidebleich geworden. Viele Passanten bleiben stehen, lachen, feixen und spotten. Aus den Fenstern der umliegenden Häuser recken sich neugierige Köpfe und kommentieren das Schauspiel, das sich unten in der schmalen Gasse abspielt.

Silvano steht immer noch wie gelähmt vor Schreck auf dem Gehweg. Dann kommt einem Mann aus dem Nachbarhaus die rettende Idee: Im Nu wird ein Schlauch angeschlossen und schon spritzt Wasser über den weiß-blauen Fiat. Der wird endlich mal richtig sauber. Und die nun dünnflüssig gewordene Farbe fließt in einem breiten Bach die leicht abfallende Straße hinunter. Am Oberlauf ist sie noch weiß, dann wird sie immer schmutzig grauer und führt auf ihrem Weg bergab Zigarettenkippen und Abfälle aller Art mit sich. Inzwischen hat sich eine große Menschenmenge auf dem Gehsteig versammelt und beobachtet unter lautem Geschnatter den Fluss der Ereignisse.

Warum muss Silvano auch solch schwere Kübel durch die Straße schleppen? Es bleibt ihm keine Wahl, weil seine kleine »Firma« über kein Auto verfügt. Und weil man in Neapel oft keinen regulären Arbeitsplatz findet und sich dann durch irgendeine Schwarzarbeit über Wasser halten muss. So jobbt Silvano als Gehilfe bei ein paar Anstreichern, die Wohnungen sanieren. Dabei besitzt er ein Universitätsdiplom und spricht mehrere Sprachen. Was praktische Arbeiten anbelangt, so hat er allerdings zwei linke Hände. Und politisch ist vor allem die linke Gehirnhälfte aktiviert. Weil ihm soziale Gerechtigkeit viel bedeutet, hat er sich nicht für eine intellektuelle Karriere entschieden. Er will vielmehr Basisarbeit betreiben – und zwar ganz auf der Linie von Charles de Foucauld. Als Student war Silvano einem Kleinen Bruder begegnet, der mit Sinti und Roma in

einem Camp lebte und mit einem Lastwagen als Alt-
eisenhändler die Straßen Norditaliens abklapperte. Davon tief beeindruckt, entschied er sich ebenfalls für eine
Lebensform, durch die er mit den Geringgeschätzten
solidarisch werden konnte. So landete er schließlich in
den engen Gassen und Hinterhöfen von Neapel, die er
durch seine Frohnatur – und bisweilen auch mit weißer
Farbe etwas aufhellen konnte.

Es kostet oft Kraft, die Lebensbedingungen der einfachen, ausgebeuteten und ins gesellschaftliche Abseits
gedrängten Menschen zu teilen. Wenn Silvano abends
erschöpft ins Bett fällt, fallen ihm zeitgleich auch die
Augen zu, obwohl er eigentlich noch gerne gelesen hätte. Doch man kann auch in den Gesichtern der Menschen seines heruntergekommenen Stadtviertels lesen
und von ihnen vieles lernen.

Es gibt vornehme Wohngegenden in Neapel. Die gut
bewachten, mit Stacheldraht und Glasscherben auf den
Gartenmauern gesicherten Villen der Reichen wirken
abweisend und bedrohlich. Wie viel schöner und einla-
dender lebt es sich hier, wo Silvanos Nachbarn auf einem Stuhl vor der ärmlichen Wohnungstür sitzen, mit
den Passanten ein Schwätzchen halten und dazu einen
Espresso anbieten. Wie leicht kann man sich hier etwas
ausborgen oder tauschen. Und wie viel Nähe kann man
hier spüren, wenn jemand ein Fest feiert oder um einen
Verlust trauert. Hier haben Gefühle Platz. Hier kann
man auch seine Bedürftigkeit zeigen. Man muss nicht
auf Prestige und Image achten und sich nicht hinter

Masken und Moden verstecken. Weil man nichts zu verlieren hat, kann man sein wahres Gesicht zeigen. Die Einfachheit wird zum Raum für Offenheit. Und für Menschlichkeit.

Für Silvano und die beiden Kleinen Brüder, die mit ihm leben, spielen zwei Worte eine zentrale Rolle: *Präsenz* und *Freundschaft*. Begriffe, die eine nazarenische Spiritualität kennzeichnen. Dasein und Mitleben bilden das Fundament, auf dem Verbundenheit wächst. Indem man die Lebens- und Arbeitsbedingungen der Menschen teilt, kann man sie besser verstehen, mit ihnen empfinden – und sogar Freundschaften schließen. Dabei ist auch klar, dass man nie ganz wie die anderen werden kann: Selbst wenn man viele Jahre im Milieu der Roma oder bei den Campesinos in Bolivien mitgelebt hat, bleibt man ein Studierter oder ein Gringo. Und dies mit *gutem* Grund, denn ich soll und darf ja auch »ich selber« bleiben. So wird gerade das Anders-Sein zur Brücke, denn es löst Neugier und Faszination aus: Ich freue mich also nicht nur über eine gemeinsame Basis, die hilft, einander zu verstehen. Vielmehr erweitert mein Gegenüber gerade durch eine andere Sichtweise meinen Horizont. Daher sind Freundschaften zwischen Menschen unterschiedlichster Herkunft und Weltanschauung so kostbar. Was zählt, ist der Respekt vor dem Eigenen der jeweiligen Personen, vor ihren persönlichen Werten, vor ihrer inneren Welt. In dieser Haltung kann es gelingen, sich über noch so verschiedene Ansichten und Glaubensrichtungen auszutauschen.

Manchmal wird den Kleinen Brüdern die Frage gestellt, ob sie auch missionarisch unterwegs sind. Eine Freundschaft aber ist absichtslos: Ich schließe ja mit einer anderen Person keine Freundschaft, um sie zu bekehren. Sondern weil ich eine Gemeinsamkeit spüre, eine tiefe Verbundenheit, einen Gleichklang. Freunde, Freundinnen unterstützen sich in schwierigen Zeiten und Notlagen. Sie nehmen Anteil am Schicksal der anderen, sie lachen und weinen mit ihnen. Und sie bereichern sich gegenseitig durch ihre Begabungen, Fähigkeiten und Kenntnisse.

Natürlich – für eine Freundin will ich das Beste und daher möchte ich auch das mir Bedeutsame mit ihr teilen. Dazu gehört für mich mein persönlicher Glaube an Jesus Christus. Aber eine Freundschaft mit der heimlichen Absicht zu schließen, die andere Person am Ende für meine Überzeugung zu gewinnen, wäre unlauter. Eine solche Art von Beziehung hat den Namen »Freundschaft« nicht verdient. So leben wir Kleine Brüder auf der Suche nach Freundschaft unter Campesinos und Napolitanos, unter Muslimen und Atheisten, ohne sie für den christlichen Glauben oder die Kirche gewinnen zu wollen.

Charles de Foucauld malte sich das Leben Jesu in Nazaret in dieser Weise aus: Jesus lebte über viele Jahre diskret unter seinen Dorfgenossen. Durch diese stille Anwesenheit war das Göttliche in Jesus bereits mitten in der Welt präsent. In ähnlicher Weise wollte Charles die

Gegenwart Christi, die er in der Eucharistie verehrte, in einer verborgenen Weise in die Sahara tragen. Sein konkretes Leben sollte etwas von der Güte Gottes widerspiegeln. Und wenn seine Freunde mehr von diesem Glanz erfahren wollten, war er selbstverständlich bereit, seinen persönlichen Glauben mit ihnen zu teilen. Wenn jemand von einer guten Quelle in der Wüste weiß, berichtet er ja auch seinen Freunden davon, damit sie ebenfalls das frische Wasser genießen können!

Das Hantieren mit Farbkübeln zählt nicht zu Silvanos Stärken. Aber die Solidarität mit den Arbeitskollegen und das Mitleben in der Nachbarschaft machen seinen Alltag reich und bunt. Manchmal kann er auch seine intellektuellen Gaben einbringen. Etwa wenn er einem Nachbarjungen bei den Hausaufgaben hilft. Einmal war Arturo, ein über 90-jähriger Kleiner Bruder, der sich immer noch als Schriftsteller betätigte, in Neapel zu Besuch. Er saß am Küchentisch, den Kopf mit dem schlohweißen Haar über ein Blatt Papier gebeugt, und schrieb einen Artikel. Als der Nachbarjunge, für den Hausaufgaben ein Gräuel waren, die Küche betrat, starrte er entsetzt auf Arturo und fragte mit gequältem Gesichtsausdruck: »Muss man, wenn man so alt ist wie dieser Opa hier, immer noch Hausaufgaben machen?«

vom himmel gekommen

aufwärts aufwärts

wer wollte nicht im karriereaufzug
bis zur chefetage fahren
bei der siegerehrung
auf dem höchsten treppchen stehen
die stufenleiter des erfolges
ganz nach oben klettern
alle andern abgehängt
einsam an der spitze glänzen

LIEBE aber

bückt sich
zu einem weinenden kind hinunter
kniet hin
zu einem lebenswunden
wirft sich
schmerzschwer über einen toten
und steigt
mit ihm bis ins nächtigste grab hinab

8. KOPFSTAND DER PYRAMIDEN

Daniel leitete viele Jahre ein Priesterseminar. Er trat dann bei den Kleinen Brüdern ein, weil er Sehnsucht nach einem anderen Leben spürte: Nicht mehr in den hierarchischen Strukturen der Kirche, sondern näher und solidarischer mit Menschen, die sozial schwächer gestellt sind. Sein Wunsch, an die Ränder der Gesellschaft zu gehen, führte ihn zu den »fahrenden Leuten« beim Zirkus.

Daniel suchte also bei einem Zirkus nach einem neuen Job. Der Zirkusdirektor war nicht wenig überrascht, als Daniel sich vorstellte: »Ich möchte gerne bei Ihnen arbeiten. Ich war vorher Direktor eines Priesterseminars. Da dachte ich, ich könnte bei Ihnen ja als Dompteur arbeiten.« Dem Zirkusdirektor huschte ein Lächeln über die Lippen. »Direktor eines Priesterseminars? Dann schlage ich vor, dass Sie es bei uns als Clown versuchen!«

Tatsächlich arbeitete Daniel dann über Jahre als Clown. Und vielleicht hat er durch seine Grimassen und Späße mehr Menschen zu Gott geführt, als ihm das durch ernste und wohlformulierte Predigten je gelungen wäre. Im Zirkuswagen, in dem er wohnte, pinnte er einen Satz des Apostels Paulus an die Wand: »Wir sind Narren um Christi willen.« (1. Brief an die Korinther 4,10)

Seit es Paulus bei einem Ritt vor der Stadt Damaskus unvermittelt vom Pferd gehauen hat, steht die Welt für ihn Kopf. Denn dort ist ihm, dem Christenverfolger, nicht nur der auferstandene Jesus erschienen (Apostelgeschichte 9,1–19). Paulus dämmert vielmehr, dass das Leben, der Tod und die Auferstehung Jesu Christi alle bisherigen Ideen und Vorstellungen von Gott und Mensch aus den Angeln heben. Denn wer war dieser Jesus? Ein einfacher Handwerker, der mit seinem Reden vom barmherzigen Gott allerlei Gesindel begeisterte, aber schon der eigenen Familie suspekt war. Ein merkwürdiger Prediger, den am Ende sogar die eigenen Freunde verließen. Ein Kerl, den man als Verbrecher hinrichtete – noch dazu am Kreuz, einer besonders demütigenden Todesart. Ein völlig Gescheiterter. Und doch hat Gott gerade den von den Toten auferweckt und in ein neues Leben gerufen. Unglaublich. Aber genau das ist Paulus passiert: Der auferstandene Christus ist ihm begegnet.

Paulus ist Religionsgelehrter. Und er versteht, was das bedeutet: Wenn Gott sich so klein macht, dass er in Jesus, dem Gekreuzigten, den Menschen begegnet, dann werden unsere handelsüblichen Vorstellungen von Erfolg und Ehre durchkreuzt. Und ebenso die von Schwachheit und Schuld. Nicht unsere Leistung zählt vor Gott, auch nicht unsere Machtstellung, sondern nur seine Liebe. Dass Gott dem Schwachen in der Tiefe seines Lebens die Hand reicht, indem er selbst in die Tiefe

67

geht – darin liegt die »Weisheit des Kreuzes«. Paulus ist es ganz egal, ob diese Vorstellung von Gott den Klugen und Frommen seiner Zeit als Torheit erscheint. Für ihn öffnet sie die Tür zu einem ganz und gar befreiten Glauben – bis hin zur Narrenfreiheit.

In der Geschichte der Kirche gab es immer wieder »heilige Narren«, die eine provozierende Lebensform wählten, um diese ganz andere »Weisheit des Kreuzes« zu bezeugen. Zu ihnen zählt auch Charles de Foucauld. Von adliger Abstammung wächst er von Kindheit an in eine streng hierarchische Struktur hinein. Die Militärlaufbahn verstärkt sein Denken in den Rangordnungen von »oben« und »unten« noch. Als er mit dem Islam in Berührung kommt, ist Charles davon fasziniert, wie sich eine ganze Bevölkerung Gott wortwörtlich unterwirft, was im muslimischen Gebet augenscheinlich zum Ausdruck kommt.

Als er sich dann aber mit dem Christentum beschäftigt, entdeckt er im Evangelium einen atemberaubenden Umsturz, der selbst die Französische Revolution in den Schatten stellt: Dieser Gott herrscht nicht! Er dient. In Jesus hat sich Gott klein gemacht. Gott erscheint – als Bauarbeiter aus Nazaret.

Charles ist von dieser umwälzenden Sichtweise tief beeindruckt und sucht nach seiner persönlichen Version für diesen »Weg nach unten«. Dabei spielt ein Satz eine entscheidende Rolle, den ihm sein Beichtvater und geistlicher Begleiter, Abbé Huvelin, mitgibt: »Unser Herr hat so sehr den letzten Platz eingenommen, dass ihm niemand diesen Platz streitig machen konnte.«

Das Bild vom »letzten Platz« wird für Charles zum Lebensmotto: Von Christus, dem »heruntergekommenen Gott«, tief ergriffen, will Charles dessen Los teilen und sein Leben möglichst konkret nachahmen. *Nazaret* ist für ihn die programmatische Überschrift einer Lebensweise, die bewusst den letzten Platz aufsucht.

Seine Suche führt Charles über verschiedene Stationen, vom Mönch in Syrien über den Dienst als Hausknecht in Palästina bis zum Leben als Einsiedler und Freund der Beduinen in der Sahara. Um zu bezeugen, dass Gott in allen Menschen und eben nicht nur bei den Privilegierten wohnt, wählt Charles – wie Jesus – seinen Platz bei den Entrechteten. Dadurch wird deutlich: Gott ist da, wo man ihn nicht vermutet hätte, nämlich bei denen, die ganz unten sind und am Rand der Gesellschaft stehen. Mehr noch: Wenn Gott sich bevorzugt bei den gesellschaftlich Benachteiligten finden lässt, werden gutbürgerliche Vorurteile und jegliches Klassendenken prinzipiell in Frage gestellt. Daraus folgt zugleich, dass Gott sich in jenen politischen oder religiösen Strukturen zeigt, die Diskriminierung überwinden! Auf diesem Hintergrund ist es fatal, dass sich die Architektur der Kirche nicht an den Skizzen des Zimmermanns aus Nazaret, sondern an den Machtpyramiden von Jerusalem und Rom orientiert.

Unser menschliches Ranking orientiert sich gewöhnlich an Geld, Macht und Status. Doch Gottes Maßstäbe sind heilsam anarchisch, wie es das biblische Lied »Magnificat« zum Ausdruck bringt: »Er stürzt die Mächtigen vom Thron und erhöht die Niedrigen. Die Hungernden beschenkt er mit seinen Gaben und lässt die Reichen leer ausgehen.« (Lukasevangelium 1,52 f.) Diejenigen also, die sich in blinder Überheblichkeit für den Dreh- und Angelpunkt der Welt halten, verlieren ihre eingebildete Wichtigkeit. Für Gott zählt nicht der gesellschaftliche Status, sondern einzig und allein, ob jemand bereit ist zum Dienst an den anderen. In den Augen Gottes gilt nur *eine* Hierarchie: die der Liebe. Und so bemisst sich die wahre Größe eines Menschen einzig an der Großherzigkeit seiner Hingabe.

Manchmal frage ich mich, ob wir nicht viel zu leichtfertig davon reden, dass wir als Kleine Brüder bei den »kleinen Leuten am Rand« leben wollen. Mit welcher Begründung werden Stadtteile wie etwa unser Plattenbauviertel in Leipzig als »marginal« bezeichnet? Warum sollten dort die Menschen »am Rand unserer Gesellschaft« leben? Wer definiert eigentlich, was Mitte und Rand ist? Und warum soll man Leute »klein« nennen, nur weil sie weniger Geld haben als andere? Natürlich: Die Mächtigen und Reichen stehen im Scheinwerferlicht – da wirken einfache Leute randständig. Das Schlimme ist dabei: Die Unterdrückten und Ausgebeuteten lassen sich oft noch einreden, in den Großtuern die Größten zu sehen, und heben sie bewundernd auf ein Podest, vor dem sie selbst sich umso kleiner fühlen.

Aber Gott hat in Jesus von Nazaret diese Maßstäbe umgedreht und vom Kopf auf die Füße gestellt. Für Gott bleibt niemand am Rand. Nur wir Menschen schieben andere an den Rand, um uns selbst in den Mittelpunkt zu stellen. Warum? Weil wir oft nicht glauben können, dass wir für Gott ja schon unendlich wichtig sind! Die »Torheit« eines Gottes, der sich selbst auf den letzten Platz setzt, um keinen Menschen hinter sich zu lassen, kann uns die Augen dafür öffnen, dass wir für ihn jederzeit gut genug sind. Verrückt, wenn man daran denkt, wie viel Mühe wir uns geben, die Erwartungen anderer zu erfüllen – oder unsere eigenen. Wir müssen uns also nicht perfektionieren, sondern dürfen so herrlich unvollkommen sein, wie wir sind. Gottes Liebe zu uns ist nicht davon abhängig, ob wir uns moralisch, sozial oder religiös optimal präsentieren. Das ganze Leben Jesu ist vielmehr ein einziges Zeugnis dafür, dass Gott seine Liebe nicht an Bedingungen knüpft: Nicht unsere Vollkommenheit, sondern unsere Leere ist das Gefäß, das Gott füllen kann. Und nur mit leeren Händen kann man Hoffnung schöpfen. Dort also, wo wir unsere menschliche Bedürftigkeit annehmen und sie Gott hinhalten, kann er uns entgegenkommen und uns berühren.

Und hat sich nicht Gott genau dadurch berührbar gemacht, dass er als Kind geboren wurde? Weihnachten bewahrt trotz aller Verkitschung und Vermarktung immer noch einen Glanz: Das Bild von einem Säugling in einer Krippe rührt auch heute an. Das Göttliche zeigt sich im Menschlichen: Gott wird greifbar in der Hilflosigkeit eines kleinen Kindes. In einer Zeit, in der Menschen unter einem unmenschlichen Optimierungszwang leiden, kann der Blick auf ein bedürftiges Kind befreiend wirken. Denn um Gott zu finden, muss man nicht ängstlich nach oben schielen, sondern kann sich zu einem Säugling hinabbeugen. Und manchmal schneiden wir dann – wie ein Clown – sogar Grimassen, um dem Baby ein Lächeln zu entlocken.

Der letzte Platz

wo niemand dich haben will
wo dich keiner erwartet
wo man dich nicht versteht
wo es nicht zum Aushalten ist
wo kein Mensch hinmag

nur fehl am Platz
auf verlorenem Posten
ortlos zwischen allen Stühlen
wortlos zwischen allen Sätzen
Niemandsland der Hölle

der über allem Thronende aber
hat diesen letzten Platz gewählt
das äußerste Exil am Kreuz
von der Erde verstoßen
vom Himmel hängen gelassen

kein Ort ist nunmehr gottlos
und selbst der allerletzte Platz
wird nun von ihm bewohnt
Gott ist wirklich alles in allem
allüberall

9. AUF DEM WEG ZUR GROSSFAMILIE

Den Spielregeln unserer Gemeinschaft gemäß gehen wir Kleine Brüder einer einfachen Arbeit nach. Ich habe als katholischer Ordensmann etwa zehn Jahre lang in Leipzig als Saisonarbeiter in einem Versandbetrieb gearbeitet, inmitten vieler Menschen, die nicht religiös sind. Manchmal fühlte ich mich als Exot, und wenn dann die Rede auf meine Herkunft kam, wurde ich verlegen. Einmal fragte ein Kollege: »Warum bist du denn als Wessi nach Leipzig gezogen?« Ich antwortete: »Aus familiären Gründen.« Jetzt war die Neugier geweckt. »Hast du eine Frau aus Leipzig geheiratet?« – »Nee«, antwortete ich, »ich habe hier drei Brüder.« – »Was, drei Brüder?« Und dann versuchte ich zu erklären, was Ordensbrüder sind und warum wir in Leipzig eine Niederlassung gegründet haben. Und weshalb wir nicht heiraten. Kaum zu vermitteln …

Vier Ordensbrüder in einem Plattenbau am Stadtrand von Leipzig: Manche unserer Nachbarn können sich keinen Reim darauf machen, was vier Männer unterschiedlicher Herkunft in einer Wohngemeinschaft zusammengeführt hat. Und sie rätseln, was der merkwürdige Singsang bedeuten mag, der allmorgendlich durch die dünnen Betonwände dringt.* Umgekehrt frage ich mich oft, wie viele unserer Nachbarn ihre Einsamkeit bestehen können. In der Betonwüste unserer Siedlung hausen viele unfreiwillig als Einsiedlerinnen und Einsiedler. Wenn man sie auf der Straße trifft und sie grüßt, schauen sie irritiert zur Seite. Als eine Freundin von mir zu Besuch war, wünschte sie einer unserer Nachbarinnen im Treppenhaus »Einen schönen guten Morgen!«. Diese schaute daraufhin meine Bekannte derart unfreundlich an, dass sie spontan anfügte: »Entschuldigen Sie bitte! Es war nicht so gemeint.«

Vielleicht ist die Einsamkeit die Form der Wüste, die viele Menschen inmitten der Städte zu bestehen haben. Im Lateinischen heißt Wüste »desertum«: Man ist »verlassen«, weil hier keiner mehr ist, weil quasi alle anderen Menschen desertiert sind. Auch im Griechischen deutet das Wort für Wüste »eremos« auf das Alleinsein hin.

Auch wenn es schmerzt: Jede und jeder ist Eremit(in). Denn in jedem Menschen wohnt Unaussprechliches. Es gehört zu den größten Geschenken unseres Lebens, jemanden zu finden, der uns seelenverwandt ist. Und dennoch bleibt selbst ein tiefes Verstehen Stückwerk. Mir fällt auf, dass ich immer wieder an diese prinzipielle Grenze stoße, weil ich mein Innerstes einem anderen nur ansatzweise mitteilen kann.

---

*Auflösung des Rätsels: Wir singen Psalmen im Wechselgesang

Die Entwicklung unserer modernen Gesellschaft ermöglicht eine Vielzahl von Lebensformen, Stilen und Berufsmöglichkeiten. Doch die Individualisierung hat auch ihre Schattenseiten. Sosehr ich es begrüße, dass soziale Zwänge abgenommen haben, so erschreckend erlebe ich bisweilen die Einsamkeit von Menschen, die ich begleite oder hier in unserem Viertel besuche. Denn mit der Befreiung aus überkommenen Strukturen und Gewohnheiten lösen sich auch soziale Netze auf, die Menschen gehalten und ihnen einen festen Platz zugewiesen haben. Das Gewebe des Milieus, etwa eines Berufs oder einer Rolle, wird löchrig und wärmt nicht mehr. Selbst die Strukturen von Familie und Verwandtschaft tragen bei vielen Menschen nicht mehr so stark wie früher. Das soziale Netz ist rissiger geworden.

Dafür werden andere Netze (Internet, Kommunikationsmedien) in Anspruch genommen, um neue Beziehungen zu knüpfen. Ohne ihr Handy fühlen sich viele Menschen ge-handy-capt, abgenabelt vom Rest der Welt. In Leipzig habe ich über viele Jahre ehrenamtlich Gefangene besucht. Als mich einmal ein Theologiestudent ins Gefängnis begleitete und an der Pforte sein Handy abgeben musste, kam ihm spontan über die Lippen: »Ich fühle mich jetzt ganz nackt!«

Einerseits also sehnen wir uns nach Beziehungen auf Augenhöhe, in denen wir unser Gesicht zeigen können (»Facebook«). Zugleich fällt es schwer, einander *face to face* zu begegnen, denn eine wechselseitige Beziehung bedeutet auch, dass ich mich verletzlich mache: Ich gestatte der anderen Person, dass sie meinen Horizont und meine Pläne durchkreuzt; meine Perspektiven weitet; das Leben bereichert – oder eben auch stört, infrage stellt und verändert.

Die Mitglieder unserer Ordensgemeinschaft verstehen sich als *Brüder*. Darin drückt sich der Wunsch aus, das Leben in einer familiären Atmosphäre zu gestalten. Diese Geschwisterlichkeit folgt aus unserem Glauben, dass Gott in Jesus von Nazaret *Mensch* geworden ist – und damit ein *Bruder aller Menschen*.

Jesus lebte eine völlig neue Form von Geschwisterlichkeit. Er gründete keine eigene Familie, sondern weitete die familiären Strukturen aus: Alle, die auf Gott als Abba, als Vater, hören und ihm dadurch zugehören, werden für Jesus zu einem Bruder, einer Schwester, einer Mutter (Markusevangelium 3,31–35). In diesem Geist überwand Jesus die sozialen und religiösen Barrieren, die Männer und Frauen, Reiche und Arme, Fromme und Sünder trennten. In skandalöser Weise feierte er mit verhassten Zolleinnehmern und verachteten Prostituierten Tischgemeinschaft: Er teilte mit ihnen das Brot und machte sich somit zu ihrem Kumpanen und Kumpel (lat.: cum pane = mit dem Brot). Er wurde sogar denen, die als Aussätzige aus der eigenen Familie verstoßen worden waren, ein Bruder: Er ging auf sie zu, berührte sie und heilte sie dadurch auch von der Krankheit der Isolation und Diskriminierung. Jesus wusste, wie es sich anfühlt, von der eigenen Verwandtschaft abgelehnt zu werden. Umso leidenschaftlicher verkündete er eine neue Welt, jenseits der alten Familienbande (im doppelten Wortsinn!).

Nach anfänglichem Zögern überschritt er schließlich sogar die Grenzlinien des jüdischen Volkes: Die gute Nachricht von Gottes neuer Welt gilt nicht nur Israel als dem auserwählten Volk. Vielmehr dürfen sich alle Menschen als Gottes geliebte Kinder erfahren. Die Botschaft von Gottes Menschwerdung in Nazaret bedeutet daher, dass die gesamte Menschheit sich als die neue große Familie Gottes verstehen lernt.

Nazaret als familiärer Lebensstil spielte auch auf dem Suchweg von Charles de Foucauld eine immer größere Rolle. Anfänglich bevorzugte er die Abgeschiedenheit eines Klosters und die Klause eines Einsiedlers. Dann wollte er Gefährten um sich sammeln, und zwar als einen Zusammenschluss von Eremiten. In seinen ursprünglichen Entwürfen für eine Ordensregel nennt er die Mitglieder der Gemeinschaft zunächst »Einsiedler«. Später streicht er dieses Wort durch und schreibt »Kleine Brüder« darüber.

Bei dieser Veränderung geht es um mehr als nur um den Austausch von Wörtern. Die neue Wortwahl »Bruder und Freund aller Menschen« oder »universale Bruderschaft« weist auf eine innere Entwicklung hin, in der sich seine Biografie widerspiegelt: Das Schicksal als Vollwaise hatte Charles tief geprägt. Schon als Kind hatte er mit seinen Eltern die wichtigsten Bezugspersonen verloren. Einerseits sucht er später diese Situation des

Alleingelassenseins selber auf, sozusagen als Wiederholung seines Schicksals: Bereits als Jugendlicher und junger Erwachsener zieht er sich oft zurück und vergräbt sich in der Einsamkeit. Auf der anderen Seite bricht sich ein starkes Bedürfnis nach Freundschaft und familiärer Verbundenheit immer wieder Bahn. Während eines militärischen Einsatzes in der Sahara etwa erweist sich Charles als zuverlässiger Kamerad. Er sucht den Kontakt zu Frauen und pflegt oberflächliche Beziehungen zu leichten Mädchen aus der Halbwelt von Paris. Dann wiederum storniert er eine schon arrangierte Heirat …

Auch in seiner religiösen Suche spiegelt sich die Spannung von Einsamkeit und Gemeinschaft. Nachdem Charles zum Glauben an Gott zurückgefunden hat, tritt er bei den Trappisten ein und wählt ein Kloster im fernen Syrien, um ganz abzutauchen. Später jedoch spielt die Sehnsucht nach *Nazaret* eine immer größere Rolle. Der anfängliche Wunsch, als Einsiedler ganz mit Jesus allein zu sein, weitet sich: Er will Bruder Jesu und *infolgedessen* auch Bruder der Menschen werden. So lernt Charles mit der Zeit, die beiden Pole »Einsiedler – Gemeinschaftsmensch« nicht als Gegensätze, sondern als zusammengehörige Grundbedürfnisse zu leben.

Ganz konkret bedeutet das für Charles, dass er als Eremit die »anderen« nicht mehr nur abstrakt ins Gebet nehmen kann. Vielmehr muss er aus seiner klösterlichen Abgeschiedenheit aufbrechen und die Nähe der Menschen suchen. Das Maßnehmen am Leben Jesu macht ihm deutlich, dass man Gott nur lieben kann, wenn man sich zugleich den Menschen zuwendet, um ihnen Freund und Bruder zu werden. Diese gewaltige Kehrtwendung lässt Charles dorthin ziehen, wohin seiner Auffassung nach auch Jesus gehen würde: zu Menschen, die vom Evangelium weit entfernt sind. Er kehrt wieder in die Sahara zurück, lebt unter Muslimen, unter den Ärmsten der Armen. Er bemüht sich, seine Gaben und Fähigkeiten selbstlos in den Dienst der anderen zu stellen.

Die Beziehung zu Jesus, die er im persönlichen Gebet, in der Feier der Eucharistie und in der Stille pflegt, weitet sich zu einem großen Beziehungsnetz. Charles nimmt wieder Kontakt auf, zu alten Freunden und vor allem zu seiner Familie, und schreibt zahllose Briefe. Immer mehr versteht er sich als *Bruder aller Menschen*. Im Jahr 1902 schreibt er: »Mein Wunsch ist es, dass alle Einwohner dieses Landes – Christen, Muslime, Juden und Heiden – mich als ihren Bruder betrachten, den Bruder aller Menschen. Sie fangen an, mein Haus *la fraternité* (die Bruderschaft) zu nennen, und darüber freue ich mich!«

In seiner Ordensregel formuliert er für die Brüder: »Sie schauen nicht auf die Person und machen keinen Unterschied. Ihre brüderliche Liebe zu allen Menschen soll wie ein weithin sichtbares Licht strahlen; im weiten Umkreis soll jeder, auch der Sünder und Ungläubige, wissen, dass sie Freunde, Brüder aller Menschen sind; dass sie für alle beten; dass sie allen Gutes tun; dass ihre Bruderschaft ein Hafen, eine Asylstätte ist, wo jeder Mensch, vor allem der arme und unglückliche, zu jeder Stunde als erwünschter Gast herzlich willkommen ist.«

Auch hier muss Charles noch lernen, seine hohen Ideale in die kleinen Münzen des Alltags umzuwechseln. Denn er kann ja nicht Bruder *aller* Menschen sein. Und er kann auch nicht jeden auf die gleiche Weise lieben. Aber er kann Bruder einiger konkreter Menschen werden – und das versucht er mit großem Einsatz.

Die Spiritualität von *Nazaret* fordert also gerade nicht dazu auf, in einer universalen Menschheitsliebe zu schwelgen – nach dem Motto »Seid umschlungen, Millionen!«. Vielmehr realisiert sich die Liebe darin, den Menschen an meiner Seite anzunehmen. Dabei stößt man sehr schnell an dessen Schranken. Und an die eigene Beschränktheit. Rascher als gedacht erreichen wir das Limit der eigenen Toleranz und Liebesfähigkeit. Aber nur konkrete Liebe – und sei sie noch so begrenzt – ist wirklich.

Das Gefühl, zu einer einzigen großen Menschheitsfamilie zu gehören, ist weltweit gewachsen. In den kleinen Gesten des Alltags zeigt sich, wie ernst es damit ist. Internet-Nachrichten oder Fernsehen liefern Namen und Schicksale von Menschen aus entferntesten Ländern frei Haus. Manchmal frage ich mich etwas beunruhigt, warum ich nur wenig vom Schicksal meiner Nachbarn weiß. Ich will mich nicht moralisch stressen. Aber vielleicht ist es gut, solche Diskrepanzen wahrzunehmen, ohne sie gleich auflösen zu können.

Ähnliches gilt von der Faszination durch exotische Länder und Reisen ins Ausland. Ich frage mich, wie ich

Ausländern in meiner Umgebung *hier* begegne. Welche Gedanken tauchen auf, wenn ich mit Fremden zusammentreffe, die bei uns aus wirtschaftlicher oder politischer Misere Zuflucht suchen? Wiederum gilt: Ich kann immer nur im konkreten Menschen, dem ich von Angesicht zu Angesicht begegne, das Antlitz Gottes finden.

Nazaret wird zu einer Chiffre dafür, dass die Liebe bei den »Nächsten« gleich nebenan beginnt, bei den Verwandten, Freunden und Bekannten; bei den Nachbarn und denen, die ungebeten an die Tür klopfen oder sich mit einem Anliegen telefonisch an mich wenden. Von dort aus kann sich dann die Liebe weiten und sich mehr und mehr auf Menschen ausdehnen, die weiter entfernt leben.

Sie als Bruder und Schwester anzunehmen, kann ein mühsamer Weg werden. Mir kommt das Bild eines Puzzles, bei dem jeder Mensch ein einzelnes Teil darstellt und nur alle zusammen das Abbild Gottes ergeben. Freilich passen diese Puzzle-Teile nicht immer zusammen!

Ich sehne mich nach Harmonie und tiefer Verbundenheit. Aber vielleicht war das Bruder-Sein in der eigenen Familie schon nicht einfach. Und wie sehr ich mich auch um eine neue Geschwisterlichkeit mühe: Immer bleiben Ecken, Kanten und Reibungsflächen. Manchmal denke ich, die Brüder meiner Gemeinschaft sind so etwas wie Werkzeuge, durch die Gott mich abschleifen will. Bisweilen sind sie rau wie eine Raspel oder wie Schmirgelpapier. Und so müssen wir uns in herber Brüderlichkeit ertragen und Spannungen aushalten, damit Gemeinschaft möglich wird. Wo uns dies – und sei es auch nur für einen Augenblick oder in Ansätzen – gelingt, dort wird das Miteinander zu einem prophetischen Zeichen für die neue Welt Gottes, in der sich alle Menschen als Schwestern und Brüder erkennen und anerkennen.

Als Kleine Brüder versuchen wir, die große Familie Gottes zeichenhaft zu leben. Daher verzichten wir auf die Ehe und eine eigene Familie. Wir haben uns gegenseitig nicht gesucht, sondern unsere je persönliche Suche nach Jesus hat uns zusammengeführt. In seiner Nachfolge wollen wir als Brüder in einer Menschheitsfamilie unterwegs sein, aus der niemand mehr ausgeschlossen sein soll.

Was hilft uns Brüdern, um als Gemeinschaft zu leben und zu wachsen? Zunächst teilen wir den Alltag: den Haushalt mit Kochen, Waschen, Putzen. Bestimmte Aufgaben werden von dem erledigt, der dafür ein besonderes Talent hat. Neben solchen pragmatischen Zuordnungen spielt ein anderes Teilen eine zentrale Rolle. Wir nennen es *Revision de vie*: »Rückblick auf das Leben«.

In Leipzig bemühen wir uns, ungefähr alle zwei Wochen zu einem solchen Austausch zusammenzukommen. Wir eröffnen unsere Runde mit einem Lied oder Gebet. Nach einer kleinen Stille beginnt ein Bruder zu erzählen. Drei Themen kommen ins Spiel: *Arbeit* – Wie waren die letzten Tage? Was hat Freude gemacht, was fiel schwer? *Beziehungen* – zu den Arbeitskollegen, Nachbarn, Freunden, der Familie, den Brüdern unserer Gemeinschaft. *Gebet* – Was hat mich in der Stille bewegt? Hat mich ein Evangelium besonders angesprochen?

Die *Revision de vie* ist eine Anhör-Runde: Jeder Bruder berichtet, ohne dass die anderen ihn unterbrechen. Wir diskutieren und bewerten nicht. Erst wenn die Runde abgeschlossen ist, kann man nachfragen oder eine Rückmeldung geben. Oft braucht es das gar nicht. Wir beenden unseren Austausch mit einem Gebet und manchmal werden noch ein paar praktische Fragen geklärt, zum Beispiel die Aufteilung des Kochdienstes oder die Ankündigung eines Besuchs.

Wenn man sich für solche Runden in großer Regelmäßigkeit Zeit nimmt, wächst das Verständnis füreinander und man lernt sich immer tiefer kennen. Man bemerkt auch, welche Themen wiederkehren, was einen Bruder besonders beschäftigt, was ihn kränkt oder freut.

Zweimal pro Jahr nehmen wir uns ein ganzes Wochenende Zeit für einen längeren Austausch und fahren dazu in ein Kloster, damit wir nicht durch Telefon, Internet, Besuche oder Hausarbeiten abgelenkt werden. In diesem Rahmen können wir auch größere Lebenslinien anschauen, unser Engagement überdenken und Entscheidungen treffen. Oder wir lesen gemeinsam einen

Text, der uns zu unseren spirituellen Quellen führen und neu inspirieren kann.

Die *Revision de vie* muss kein Privileg unserer Gemeinschaften bleiben. Ich bin davon überzeugt, dass ein solcher regelmäßiger und strukturierter Austausch für Ehepaare, Familien oder kleine Gruppen eine große Bereicherung darstellen kann. Sollte man für das Wichtigste, das uns geschenkt ist, nämlich unsere Beziehungen, nicht auch Zeit und Energie investieren? Meist genügt es nämlich nicht, auf den Zufall zu bauen oder darauf zu vertrauen, dass eine gute Freundschaft schon von selbst läuft. Was nicht gepflegt, nicht kultiviert wird, läuft Gefahr, zu verkümmern oder zu verwildern. Daher ist es gut, sich regelmäßig Zeit zu nehmen, um dem Erzählen und Zuhören einen großen Raum zu schenken. So kann jene Geschwisterlichkeit wachsen, von der Jesus – und Charles de Foucauld – geträumt haben.

Bruder aller Menschen

von Kinderschuhen an ein Einzelgänger
seine Bücher waren
seine besten Freunde

ausgelassene Feste feiern
einsam aber schmeckt
die Nacht nach dem Rausch

der Draufgänger und Lebemann
will gesehen und bewundert werden
sieht aber nicht die anderen

Lust an Kampf und Gefahr
Schule der Kameradschaft
doch diese gilt nur dem eigenen Lager

mit der großen Entdeckung seines Lebens
dass Gott der Vater aller ist
beginnt die Suche nach Geschwistern

der Eigenbrötler von einst
bricht sein Brot jetzt
mit den vielen

nicht mehr Nation und Religion
nicht Gene oder Blut
stiften die Verwandtschaft

weil sein Herz jetzt dem gehört
der sein Blut für alle gab
wird auch er zum Bruder aller

10. GRENZWERTE BEACHTEN!

*Der Kleine Bruder Michael erzählte mir von seinem ers-
ten Besuch beim Stamm der Batammariba im Nordwes-
ten von Benin. Der Name Batammariba heißt übersetzt
»gute Bauleute« und in der Tat sind es ganz besondere
Häuser, die dort errichtet werden. Das Haus einer Groß-
familie sieht aus wie eine kleine Burg: Verschieden große
Gebäude stehen im Kreis und ihre Außenmauern fügen
sich dicht aneinander. Ein Tor führt in den Innenhof, von
dem aus man in die einzelnen Häuser gelangt. In einem
wohnt das Familienoberhaupt, in einem anderen seine
Frau, im nächsten die Großmutter usw. Beim Blick in die
Runde fiel Michael ein winziges Haus auf, das nur einen
sehr kleinen Eingang hatte. Auf seine Nachfrage erhielt er
die Erklärung: »Das ist das Haus für die Hühner.«*

*Zunächst musste Michael schmunzeln. Dann griff er
sich an den Kopf: »Ihr seid verrückt! Die Tür ist viel zu
klein für euch. Ihr könnt ja gar nicht in das Hühnerhaus,
um die Eier zu holen.« Das Familienoberhaupt klärte ihn
auf: »Die Tür ist groß genug, damit ein Kind hineinkrie-
chen und die Eier holen kann. Ich muss nicht jedes Haus
betreten können. Und so haben auch unsere Kinder eine
Aufgabe, die nur sie erledigen können.«*

Wie viel Weisheit liegt in der Architektur der guten Bauleute in Westafrika! Der Sippenhäuptling verzichtet darauf, in jeden Raum gehen zu können. Er überlässt das Hühnerhaus den Kindern, die damit eine eigene Rolle und Verantwortung erhalten. Oft herrscht bei uns eine andere Mentalität: Wir wollen alles in den Griff bekommen. Wir streben nach Macht, um uns überall einen Zutritt zu sichern und alles zu beherrschen. Doch wohin führt der Wunsch nach einem Generalschlüssel für alle möglichen Räume?

Wenn Menschen sich nicht begrenzen können, kommt es fast unweigerlich zum Konflikt: Ein Nachbar mischt sich in Angelegenheiten ein, die ihn nichts angehen. Eltern wollen ihre erwachsenen Kinder immer noch kontrollieren. Ein Chef kann keine Verantwortung delegieren – und überfordert sich heillos. Ein Mensch, dessen Kräfte im Alter abnehmen, will krampfhaft an allem festhalten und kann nichts aus der Hand geben …

Der Wunsch, sich an materiellem Besitz, an Zuständigkeiten oder an Kontrollhebeln festzuhalten, verrät etwas von einer tiefen menschlichen Angst: zerbrechlich und vergänglich zu sein und letztlich sein Leben nicht in der Hand zu haben. Es gehört zu den großen Herausforderungen der menschlichen Existenz, die eigene Begrenztheit und Ohnmacht anzunehmen.

Der Blick auf *Nazaret* zeigt, dass Gott sich in Jesus für ein endliches, begrenztes Leben entschieden hat. Dadurch wird deutlich, dass jedes menschliche Dasein, auch das unbedeutende und unscheinbare, unendlich kostbar ist. Wenn Gott eine solche Existenz gewählt hat, kann auch der Mensch sein Leben mit seinen Einschränkungen und Limits bejahen: Denn unser endliches Leben erhält einen unendlichen, göttlichen Glanz!

Natürlich gibt es Zeiten, in denen es schwerfällt, etwas von der Schönheit dieser Welt und der Herrlichkeit des Lebens wahrzunehmen. Vielleicht aber kann man auch in solchen Momenten noch etwas hören von der leisen Botschaft Gottes in *Nazaret*: »Ich bin da. Ich bleibe bei dir. Und ich trage Sorge, dass dein Leben nicht ins Leere läuft!« Wenn jemand auf diesen Glauben bauen lernt, wächst das Vertrauen zu sich selbst. Und wer sich selber als liebenswürdig erfährt, kann auch andere lieben.

Charles de Foucauld muss einen langen inneren und äußeren Weg zurücklegen, bevor er sich mit seinen Grenzen anfreunden kann. Als junger Mann schlägt er gerne über die Stränge. Das Europäern verbotene Marokko reizt ihn zum illegalen Grenzübertritt. Aufgrund seiner großen Willensstärke steht er lange Zeit in der Versuchung, sich und anderen übermenschlich viel abzuverlangen. Das Maß an Verpflichtungen, das er sich nach seiner Bekehrung selbst auferlegt, scheint von außen betrachtet völlig überspannt. Er will radikal leben und alles geben. Sein geistlicher Begleiter Abbé Huvelin warnt ihn davor zu übertreiben: »Sie müssen sich schützen vor diesem Hang zur Maßlosigkeit, der Sie nie zur Ruhe kommen lässt.«[2] Genau aus diesem Grund verbietet er ihm auch die Gründung einer Gemeinschaft. Denn die von Charles verfassten Regeln seien viel zu streng.

Das Temperament von Charles de Foucauld verleitet ihn dazu, asketische Ideale wie Entsagung, Trennung von der Familie oder Selbstverleugnung zu verabsolutieren. Der Warnung seines Beichtvaters zum Trotz bemüht er sich später, Mitbrüder für die von ihm ersehnte Gemeinschaft zu gewinnen. Als sich ihm dann endlich jemand anschließt, muss Charles einsehen, dass seine Lebensweise und sein Charakter nicht so anschlussfähig sind, wie er sich das vielleicht gedacht hatte. Charles' Lebensstil ist derart unnachahmlich, dass kein Zweiter so leben kann. Wie heißt es so schön: Ein Heiliger ist ein wunderbarer Mensch – solange man nicht mit ihm zusammenleben muss …

In der einsamen Zelle des Trappistenklosters hatte Charles schöne Texte über die Liebe zu allen Menschen geschrieben. Doch die Sahara holt ihn auf den Boden der Wirklichkeit. Bei den langen Märschen durch die Wüste hat Charles auch manche Konflikte durchzustehen. Er eckt mit seinen Marotten an und reibt sich an den Mucken und Macken der anderen. Jetzt muss sich seine Liebe konkret bewähren – und zwar an wirklichen Menschen! Vielleicht hat er in dieser Zeit etwas von der Weisheit der orientalischen Christen erfahren: *Liebe ist Geduld mit den andern. Hoffnung ist Geduld mit sich selbst. Glaube ist Geduld mit Gott.*

Als Charles im Jahr 1908 schwer an Skorbut erkrankt, kommt er an seine Grenzen. Er ist völlig hilflos und bewegungsunfähig geworden. So ist er auf die Gastfreundschaft der Einheimischen angewiesen, die ihren »Wohltäter« nun endlich wie ihren Bruder behandeln können. Jetzt, wo er sich gänzlich gelähmt und ohnmächtig fühlt, können die Tuareg ihm auf der Ebene der Gleichheit begegnen und das mit ihm teilen, was sie noch haben: ein wenig Ziegenmilch, die sie aus dem ganzen Umkreis zusammenholen. Damit retten sie sein Leben. In dieser Situation auf Leben und Tod vermag Charles die wichtige Erfahrung zu machen, dass Solidarität nicht nur darin besteht, den anderen etwas zu geben. Sondern auch von anderen das anzunehmen, was sie ihrerseits mit ihm teilen können.

Charles, der bis an die Grenzen der damals bekannten Zivilisation vorstoßen wollte, muss seine eigenen körperlichen Grenzen aushalten und respektieren lernen. Das selbst auferlegte Pensum an Gebet und Arbeit erweist sich als übertrieben. Mit der Konsequenz, dass Charles beim Beten immer wieder einschläft. Und auch wenn er als »Mönch und Einsiedler« möglichst autark leben will, muss er sich eingestehen, dass er in vielem auf andere angewiesen ist: auf die Freundschaft der Tuareg, auf die materielle Unterstützung durch seine Familie, auf die herzliche Beziehung zu seiner Cousine …

Auf seinen langen Wegen durch äußere und innere Wüsten lernt er immer mehr, die eigene Begrenztheit liebevoll anzunehmen. Das Geheimnis der Inkarnation, das er in Nazaret betrachtet hatte, wird jetzt zum Schlüssel für sein eigenes Leben: Wenn Gott in Jesus die konkreten Grenzen des Menschseins angenommen hat, ermutigt und ermächtigt uns dies, unser Leben mit all seinen Fasern zu bejahen.

Nazaret besagt also: Wenn Gott in Jesus einen ganz konkreten Ort gewählt hat, so kann jeder Mensch seinen Platz suchen, der ihm und ihr entspricht. Für jeden Menschen gibt es Türen zu Räumen, die nur er betreten kann. Denn jede Person verfügt über ganz spezifische Gaben, Talente, Erfahrungen, Möglichkeiten.

Zugleich gilt es, mich auf das Haus zu beschränken, das mir zukommt. Ich sollte die mir gesetzten Grenzen akzeptieren. Denn: Grenzziehungen überschreiten – das kommt nach klassischer Definition einer Kriegserklärung gleich. Wer sich dauerhaft körperlich überfordert, der führt Krieg gegen den eigenen Körper. Wer sich selbst gewaltsam zu etwas zwingt und sich ausbeutet, wird sich auf Dauer selbst zerstören.

Wenn ich hingegen die mir gegebenen Grenzen positiv sehe und anerkenne, werden sie zu UmFriedungen, die meinen Lebensraum umschreiben. Bisweilen kann es notwendig werden, meine Grenzen neu zu definieren, indem ich Schlüssel abgebe und mich auf bestimmte Räume beschränke. Wenn Kräfte nachlassen oder Aufgaben anders zu verteilen sind. Bejahte Grenzen schaffen Frieden: Frieden mit mir selbst, denn ich muss mich nicht dauernd überfordern. Frieden mit anderen,

wenn wir gegenseitig unsere Lebensräume und Verant-
wortlichkeiten respektieren. Und schließlich: Frieden
mit Gott, indem wir uns zufrieden geben mit den Gaben und Grenzen, die uns geschenkt und zugemutet
sind.

Wenn Gott sich in Jesus Christus uns zum Bruder gemacht hat, können wir mit uns selber human umgehen:
Wir dürfen uns annehmen, wie wir sind. Und niemand
muss sich selber produzieren oder übermenschliche
Leistungen erbringen, um endlich jemand zu sein. Wir
dürfen uns also in unserem Einsatz und Engagement
auf das konkret Realisierbare beschränken.

Manchmal bleiben mir Räume verschlossen, die ich
gerne betreten und gestaltet hätte. Stattdessen muss ich
mich vielleicht mit einer Situation oder Aufgabe abfin-
den, die ich mir nie gesucht hätte. Diese kann für mich
dann zum »letzten Platz« werden. Also zu keinem, den
ich mir bewusst gewählt habe, sondern auf den ich vielleicht gedrängt oder gestoßen wurde. Solange ich mir
die Menschen aussuchen kann, die ich »in Gottes Namen« lieben und um die ich mich sorgen will, bin immer noch *ich* es, der das Heft in der Hand hat. Ganz
anders, wenn ich mir die Person *nicht* ausgesucht habe,
die sich mit einem Anliegen oder einer Not an mich
wendet. Wenn sie mir vielleicht unsympathisch ist und
ich mich *dennoch* auf sie einlasse, vielleicht mit einem
Gefühl von Müdigkeit oder Lustlosigkeit, so akzeptiere
ich den mir zugedachten »letzten Platz«.

Ähnliches gilt, wenn ich für meinen Einsatz nicht belohnt, sondern belächelt oder sogar verspottet werde. Wenn meine Mühen nicht gesehen werden, wenn man mir keine Dankbarkeit entgegenbringt. Wenn ich am Ende vergessen werde oder Undank ernte, obwohl ich viel investiert habe. Wenn ich dann nicht verbittere oder mich für moralisch überlegen halte, sondern die innere Leere einer solchen Erfahrung annehme: schweigend und unaufgeregt. Und dabei nicht einmal mit dem Gefühl belohnt werde, als »guter Samariter« gehandelt zu haben und damit ein vorbildlicher Mensch zu sein. Und mir auch nicht selbst auf die Schulter klopfe, weil ich um Jesu willen gehandelt habe. Sondern: Ich habe einfach nur getan, was zu tun war. Weil ich jetzt an diesen Platz gestellt, in diese Aufgabe hineingeworfen, in diese Grenzen verwiesen bin. Dann bin ich wirklich »am letzten Platz«, an der Seite Jesu angekommen.

gelassen

aussteigen
aus dem Kreiselspiel
um den eigenen Nabel

ausbrechen
aus den Spiegelsalons
des Extravaganten

keine ruhelosen Streifzüge mehr
auf dem Feld der Ehre
dir einen Namen zu machen

Jesu Name allein
gereiche dir nun
zur Ehre

lerne das Lassen
gib dich aus der Hand
ganz in die Seine

nicht verkrampfte Selbstbeherrschung
nur die Herrschaft Gottes
macht dich wirklich frei

und nicht zwanghaftes Geben
sondern Empfangenkönnen
das ist Gnade

11. DAS WAHRE GLÜCK GIBT ES NUR GRATIS

Vor vielen Jahren besuchte ich eine Gemeinschaft der Kleinen Brüder in Umbrien/Italien. Damals gehörte ich dem Orden noch nicht an und fragte mich, ob der Lebensstil von *Nazaret* mir etwas sagen, mir vielleicht sogar zusagen könnte. Doch irgendwie hatte ich noch nicht ganz verstanden, warum die Brüder nicht effektiver arbeiten, nicht mehr Mission betreiben, warum sie der Anbetung so viel Zeit widmen: dem absichtslosen Gebet, in dem man Gott einfach Zeit schenkt, ohne etwas zu erbitten oder zu wollen. Ähnlich konnte ich nicht begreifen, warum Jesus in Nazaret eine lange Zeit der Verborgenheit gelebt hatte; warum er seine Gaben nicht früher und gewinnbringender genutzt hat, um seine Mission voranzutreiben. *Nazaret* – war mir noch sehr fremd. Doch dann ging mir etwas auf.

Die Brüder in Umbrien luden mich ein, mich für ein paar Tage in eine Einsiedelei zurückzuziehen. Ich war ein wenig aufgeregt, als ich mit Rucksack und einem Wanderstock aufbrach. Die Einsiedelei, eine ehemalige Schäferhütte in den Bergen, lag ganz oben auf einem Hügel, etwa zwei Stunden Fußmarsch von der nächsten Ortschaft entfernt. Es gab keinen Strom – dafür fließend Wasser im ursprünglichsten Sinn: Nur wenige Hundert Meter entfernt sprudelte eine Quelle mit frischem Wasser. An der Außenwand des Häuschens lud eine Bank zum Verweilen ein. Darüber war ein verrostetes Uhrwerk angebracht, neben dem auf einer Holzscheibe der Satz stand: »Hier bleibt die Zeit stehen.«

Mein Alltag zu Hause, den ich für meinen Besuch bei den Kleinen Brüdern unterbrochen hatte, war vom Vielerlei zerrissen und eng getaktet: Aufgaben und Pflichten, Telefonate und Besuche. In der Eremitage wehte ein anderer, ein sanfter Wind. Die schlichte Einrichtung strahlte eine Atmosphäre aus, die es mir erlaubte, mich zu sammeln und zu mir zu kommen, um so zu Gott zu kommen. Ich konnte einfach da sein. Jeden Abend setzte ich mich lange auf die Bank vor dem Haus, um die fantastische Aussicht zu genießen. Außer dem Zirpen der Grillen war kein Geräusch zu hören. Es lag ein großer Friede über diesem Ort.

Einer der Kleinen Brüder namens Paolo hatte mir einen Hinweis mit auf den Weg gegeben: »Der Sinn der Einsiedelei ist: Vivre la gratuité.« Das Wort »gratuité« lässt sich nicht direkt ins Deutsche übersetzen. Am ehesten könnte man das damit Gemeinte umschreiben mit: Lebe, dass alles ein Geschenk ist, gratis gegeben, Gnade (gratia). Und dann konkretisierte Paolo: »Entdecke, wie bezaubernd hier oben die Blumen blühen. Nimm wahr, wie gut ein Schluck Wasser aus der Quelle schmeckt. Und wie warm das Licht einer Kerze leuchtet. Nimm dir Zeit, *um zu schauen, zu riechen und zu hören. Und entdecke dabei die Schönheit des Lebens und dass dir alles hier geschenkt ist. Du musst nichts tun, nur da sein und empfangen.« Nur zu gern nahm ich diesen befreienden Hinweis auf. Denn ich bin ein Macher-Typ, der sich – und andere! – auf Trab hält.*

Viele Menschen beschleicht das Gefühl, dass sie unnütz sind, wenn sie sich nicht pausenlos durch Arbeit und Leistung unter Beweis stellen: In uns wohnen manche Sklaventreiber, die uns anfeuern, noch besser und schneller zu funktionieren. Ihre Kommandos lauten: »Keine halben Sachen!«, »Ganz oder gar nicht!«, »Das muss doch zu schaffen sein!« Und, und, und …

Wie wohltuend empfand ich es damals, dass ich in der Eremitage einfach nichts tun musste. Die Zeit konnte stillstehen, während ich einem Schmetterling hinterherträumte. Mir fiel ein Vers von Roberto Juarroz ein: »Heute habe ich nichts gemacht. Aber viele Dinge geschahen in mir.«

Eine ganze Woche lang lebte ich aus der Haltung der gratuité. Dabei ging mir auf, wie viel mir in meinem Leben schon geschenkt wurde: Meine Familie, Gesundheit und Beziehungen, Gaben und Aufgaben. All das wurde mir gratis gegeben. Und so wuchs in mir eine tiefe Dankbarkeit. Am Ende der stillen Tage war ich derart erfüllt von der Schönheit des Ortes, dass ich plante: Nächstes Jahr komme ich wieder!

Kurz nach meiner Abreise wurde Assisi von einem schweren Erdbeben erschüttert. Als ich ein paar Monate später Paolo wieder traf, fragte ich: »Was ist denn aus dem kleinen Häuschen in den Bergen geworden?« Er berichtete mir, dass die Einsiedelei durch das Erdbeben völlig zerstört worden sei und auch nicht wieder aufgebaut werde. Ich war ziemlich enttäuscht, weil ich ja schon geplant hatte, dort noch einmal eine Woche zu verbringen. Da machte mich Paolo auf etwas Wichtiges aufmerksam: »Erinnere dich an das, was ich dir gesagt habe: Der Sinn einer Zeit in der Eremitage ist es, alles als Geschenk zu leben. Du aber hast das kleine Häuschen schon in Besitz genommen.«

Das hat mich nachdenklich gemacht. Wie oft heißt es: Das Leben, die Gesundheit, eine Beziehung … ist ein Geschenk. Doch wie schnell verwandeln wir das Geschenk in einen festen Besitz, den wir in Beschlag nehmen. Ich eigne mir das Geschenkte an, um es fest im Griff zu haben und zu kontrollieren. Ich behandle es so, als ob es für immer mir gehören würde. Und ich fordere es ein, wenn es nicht mehr greifbar ist. Damit hat sich das Geschenk in einen Besitz verwandelt, auf den ich einen Rechtsanspruch anmelde: Es ist jetzt mein Eigen, ich kann es verplanen und über es verfügen.

Doch eine lebendige Beziehung sieht anders aus: Zuneigung, Liebe können einem nur stets neu zufließen. Sie lassen sich nicht in Vorratsbehältern speichern. Es gibt keine Freundschaft aus Konserven. Wer aus Angst, dass die Liebe einer anderen Person versiegen könnte, versucht, diese Person in Beschlag zu nehmen und ihre

Liebe vertraglich abzusichern, zerstört diese Beziehung. Die große Herausforderung einer Ehe etwa besteht darin, dass man einander Treue für immer verspricht – *und* dass man sich zugleich gegenseitig immer wieder loslassen muss. Denn nur so bleibt das Miteinander lebendig und die Liebe der anderen Person ein Geschenk. Dazu braucht es Vertrauen, dass Liebe sich Augenblick für Augenblick erneuert. Es ist ein bleibender Balanceakt, diese Dynamik der Liebe zu leben und nie in einen statischen Besitz umzuwandeln.

Dies gilt auch für die grundlegende Liebe Gottes, der wir unser Dasein verdanken. Der Prophet Jeremia findet dafür ein Bild: Die Beziehung zu Gott ist wie eine Quelle, die jeden Augenblick neu aufsprudelt. Wir Menschen aber wollen lieber aus Zisternen leben. Doch diese sind rissig und können das Wasser nicht halten (Jeremia 2,13). Zisternen dienen dem Speichern von Wasservorräten, über die man verfügt und die man unter Kontrolle hat. Eine Quelle hingegen ist ein Ur-Sprung, der aus sich selbst sprudelt. Ich kann nicht nach Gutdünken den Hahn auf- oder abdrehen, sondern nur die Hände in das fließende Wasser halten – in der Hoffnung, dass sich die Quelle nicht erschöpft.

Wir können und brauchen also die Zuwendung Gottes nicht festzuhalten oder abzusichern. Wir dürfen sie vielmehr immer neu empfangen. Romano Guardini hat dies in einem wunderbaren Gebet zusammengefasst: »Immerfort empfange ich mich aus deiner Hand. Das ist meine Wahrheit und meine Freude. Immerfort blickt mich dein Auge an und ich lebe aus deinem Blick, du mein Schöpfer und mein Heil.«

Als Glaubende können wir sagen: Wir sind Kinder Gottes, weil wir durch die Taufe in den lebendigen Strom der Beziehung zu Gott hineingetaucht wurden. Damit verbindet sich das Versprechen Gottes, dass die Quelle seiner Liebe nicht versiegen und er uns seine Zuneigung in jedem Augenblick neu schenken wird: »Wer durstig ist, der komme. Wer will, empfange umsonst das Wasser des Lebens!« (Offenbarung 22,17)

Nazaret atmet diesen Geist des »Umsonst«: Gott wurde in Jesus Mensch aus reiner *gratuité*. 30 Jahre lang führte der Zimmermann in Galiläa ein völlig normales, unspektakuläres Leben. Warum er nicht früher schon Wunder gewirkt oder gepredigt hat, entzieht sich jedem nüchternen Kalkül. Das Leben von Nazaret findet seinen eigenen Wert und Glanz darin, dass diese Zeit gerade nicht in den Kategorien von Nutzen oder Erfolg verrechenbar ist. Nur als Verrücktheit der Liebe kann man den Sinn eines solchen Lebens – und damit eines jeden menschlichen Lebens – »verstehen«: Gott sucht die Nähe der Geliebten, und zwar als reines Geschenk.

Im Leben Jesu leuchtet immer wieder diese *gratuité* auf, die sich unseren gewohnten Rechenarten so widerborstig entzieht. Er lebt aus dem tiefen Glauben, dass ihm alles vom Vater geschenkt ist. Und er hält an nichts fest, sondern schenkt weiter, bis zuletzt. Er heilt Kranke ohne Honorarforderungen und hilft Menschen, von denen er nie eine Gegenleistung erwarten kann.

Wenn Sie sich an die glücklichsten Momente Ihres Lebens erinnern: Was fällt Ihnen ein? Und was fällt dabei auf? – Ich habe ein großes, tiefes Glück immer als ein Geschenk erfahren, das mir zugefallen ist, ungeplant, einfach so. Wenn mir beispielsweise etwas gelungen ist. Natürlich, ich habe meinen Anteil am Gelingen. Aber zugleich gibt es ein Moment des Unverfügbaren: Ich war vom Glück überrascht. Oder ich denke an die Erfahrung einer großen Liebe: Ich war vom Glück überwältigt.

Liebe und Hingabe kann man nie ganz verrechnen. Es bleibt immer ein Rest, der nicht aufgeht, ein heiliger Rest. Genau dieser schenkt unseren Freundschaften ihre wahre Schönheit: Wir werden nicht geliebt, weil man sich von uns bestimmte Vorteile erhofft, sondern einfach so. Umsonst. *Gratuité* pur.

Um mit Gott als Urquell der *gratuité* in Verbindung zu bleiben, kann ich mir regelmäßig eine Gratis-Zeit gönnen. Etwa täglich eine Viertelstunde lang einen ruhigen Spaziergang machen. Ich gehe langsam, bleibe stehen, atme, rieche, schaue. Ich muss jetzt nichts Bestimmtes tun, denken oder erreichen. Einfach nur da sein und spüren, dass das Leben ein Geschenk ist, in jedem Atemzug. Im Innehalten erschließen sich die inneren Quellen, erschließt sich, was mir innen Halt gibt.

Vielleicht kann ich mir sogar eine Gratis-Zeit von einem Tag pro Monat gönnen, an dem ich aussteige aus den Erwartungen der anderen und den Kosten-Nutzen-Rechnungen meines Jobs. Ich kann eine große Wanderung unternehmen, ohne ein bestimmtes Ziel anzustreben. Einfach da sein, den Körper spüren, die Umgebung wahrnehmen, mir eine Brotzeit schmecken lassen. Das Leben als ein wunderbares Geschenk genießen.

Eine Gebetsform, in der sich die *gratuité* ausdrücken kann, ist die Anbetung: Ich bin einfach da vor Gott, ohne etwas zu wollen oder zu erbitten. Anbetung verfolgt keinen bestimmten Zweck. Die Frage, was dieses Gebet »bringt«, verkennt den Charakter des reinen Umsonst. Es kann genügen, beim Geliebten zu sein, ohne Fragen und Bitten, ohne Absicht und Zweck. Vor Gott, dessen Name lautet: »Der Ich-bin-da« (Exodus 3,14), kann auch ich einfach da sein.

gratuité

oft
musste ich
kämpfen
völlig
umsonst

immer aber
darf ich
leben
vollkommen
umsonst

12. WIR SIND DIE ECHTEN KOMMUNISTEN!

Marco ist, wie man im Italienischen so schön sagt, ein »simpaticone«. Er findet durch seine sympathische und umgängliche Art schnell Kontakt. Und weil er auch ein zuverlässiger und begabter Mitarbeiter ist, war er auch bei seinen Arbeitskolleginnen und -kollegen immer sehr beliebt. In Lille (Frankreich) arbeitete er bei einer großen Autofirma. Sein Job bestand darin, als Kurier zwischen den verschiedenen Filialen hin und her zu pendeln, um etwa angeforderte Ersatzteile zu liefern. Dadurch kannte er bald alle Mitarbeiter vor Ort.

Als Marco im Rahmen seiner Ausbildung in der Or- densgemeinschaft der Kleinen Brüder für ein Jahr nach Italien wechseln wollte, kündigte er seinen Job in Lille ordnungsgemäß per Brief. Zwei Tage später ließ ihn der Chef in die Verwaltungszentrale kommen. Ohne lange Erklärungen bot er Marco eine Gehaltserhöhung an. Marco lehnte ab. Der Chef erhöhte noch einmal sein An- gebot. Doch weil Marcos Motive für die Kündigung ganz anderer Art waren, lehnte er erneut ab. Der Chef reagier- te verunsichert: »Ist es etwa immer noch zu wenig Lohn?« Und verdutzt gab er zu: »Das ist das erste Mal, dass ich mit Geld nicht erreiche, was ich will.«

Natürlich braucht es eine materielle Basis für unser Leben. Wir sind angewiesen auf Nahrung und eine menschenwürdige Unterkunft. Es braucht auch ein gewisses Maß an Sicherheit, etwa im Blick auf Arbeit oder Altersvorsorge. Kinder haben ein Recht auf eine gute Schulbildung mit den entsprechenden Einrichtungen. Und schließlich leben wir nicht nur vom Brot allein, sondern auch von Musik und Kunst. Leben ist mehr als Überleben und ein Grundeinkommen muss auch das Fest ermöglichen.

Diese schönen und natürlichen Bedürfnisse können allerdings ausufern und finden dann kein Maß mehr. In unserer von der kapitalistischen Pandemie ziemlich durchseuchten Gesellschaft hat die Fixierung auf das Geld bisweilen krankhafte Züge angenommen. Gebannt starren viele auf die oberen Zehntausend und ihren extravaganten Lebensstil mit Traumvilla, Privatjet und Luxusjacht. Ja, so will man auch leben!

Genau genommen aber hat das Vermögen der Superreichen, das sich ständig noch steigert, jeden realen Bezug zum Leben verloren. Denn man kann ja keine Milliarden »verleben«. Die Reichtümer bleiben abstrakt wie vielstellige Zahlen, für die man keine konkreten Vorstellungen mehr hat. Dazu kommt, dass die zur Verfügung stehenden Mittel alle Bedürfnisse übersteigen. Wenn Jeff Bezos drei Schnitzel gegessen hat, ist er satt, und die potenziellen Milliarden Schnitzel, die er sich noch leisten könnte, bleiben virtuell. Wozu dann die ganze Schnitzeljagd?

Ich vermute, dass hinter der unmäßigen Suche nach Besitz oft auch ein seelischer Hunger steckt: der Wunsch nach Wertschätzung, Freundschaft und Liebe. Der Durst nach Anerkennung wird zum Motor einer Konsumgesellschaft, die nach Umsatzsteigerungen giert. Innere Leere wird mit Besitz aufgefüllt. Dann gründet die Identität eines solchen Menschen in dem, was er hat, etwa in konkretem materiellem Eigentum oder in Statussymbolen. Das Glaubensbekenntnis dieser Haltung lautet: Was ich besitze, macht meine Identität aus.

Eine solche Person verwechselt freilich das, was sie *hat*, mit dem, was sie *ist*. Sie wähnt, sie sei mehr wert, wenn sie mehr hätte: »Wir kaufen einen schicken Wagen und denken, dieser Wagen wäre nun ein Teil unserer selbst ... Wenn die anderen unseren Wagen bewundern, fühlen wir uns, als ob sie uns selbst bewunderten. Und so schätzt man den Reichen um dessentwillen, was er *hat*, und nicht um dessentwillen, wer er *ist*.« (Nach Ernesto Cardenal)

Hier kann einer der Gründe liegen, warum Menschen, die viel besitzen, oft eine gewisse Angst nicht loswerden. Denn sie sind abhängig von ihrem Besitz; von etwas also, was sich außerhalb ihrer selbst befindet. Und bisweilen beschleicht sie die Sorge: Wer bin ich, wenn mir meine Habe verloren geht? Wer ganz auf den Erwerb von Wertpapieren fixiert ist, verliert das Gefühl für seinen Eigenwert. Und je weniger ich in mir selbst ruhe, umso schneller muss der Rubel rollen.

Arthur Schopenhauer bringt diese Dynamik auf den Punkt: »Was sich erwerben oder konsumieren lässt, gleicht dem Meerwasser. Je mehr man davon trinkt, desto durstiger wird man.«

Religion kann als Versuch gedeutet werden, die Sehnsucht des Menschen nach »immer mehr« in eine spirituelle Dynamik zu verwandeln. Nach biblischer Tradition ist der Mensch auf Gott hin ausgerichtet und findet nur in ihm Erfüllung. In einem Psalm spricht der Beter zu Gott: »Mein ganzes Glück bist du allein!« (Psalm 16,2) Augustinus hat diesen Bezug in unübertroffener Weise zum Ausdruck gebracht: »Auf dich hin, Gott, sind wir Menschen geschaffen. Und unruhig ist unser Herz, bis es Ruhe findet in dir.« Umgekehrt könnte man formulieren: Wenn der Mensch seinen Hunger nach Gott mit irdischen Dingen auffüllen will, wird er die Welt heillos überfordern. Denn der Wahn, immer mehr haben zu müssen, führt zu einer erbarmungslosen Hetzjagd – die unseren Planeten und die Menschheit zu zerstören droht.

Der Glaube, dass Gott mir seine Liebe gratis schenkt, kann also freier machen von den Zwängen, mich durch Hab und Gut zu definieren. Meine Identität und mein Wert, mein Ansehen und meine letzte Erfüllung: Alles ist Gabe Gottes.

Aus dieser Grundhaltung lebte Jesus von Nazaret: Weil er daran glaubte, dass Gott unendlich großzügig ist und es gut mit ihm meint, erlag er nicht der Verlockung, sein

Leben durch Besitz oder Macht abzusichern. Darauf vertrauend, geliebter Sohn Gottes zu sein, widerstand Jesus den Versuchungen, sich durch Äußerlichkeiten zu definieren. Er brauchte das, was er »hatte«, nicht für seine Identität. Daher lebte er in einer großen Distanz zu allen Arten von Besitz. Wie ein Bettler und Habenichts zog er durch die Gegend und lebte von der Hand in den Mund.

Von Gott erfüllt brauchte Jesus weder kleinlich zu rechnen noch ängstlich zu kalkulieren. Weil er auf nichts versessen war, konnte er freigiebig sein: Er verschenkte seine Zeit, seine Energie, sein Leben. Seine Jüngerinnen und Jünger warnte er vor dem Kleben am Besitz und vor der Vergötzung des Habens. Seine Botschaft lautet: Nicht Habseligkeiten machen selig, sondern der Hunger nach Gerechtigkeit und die Suche nach Frieden. Und seine Lebenspraxis ermutigt dazu, Besitztümer loszulassen, um sie mit anderen zu teilen.

Wer in Jesu Lebensschule eintritt, wächst in der Befähigung, den Wunsch nach Besitz zu relativieren – und damit die Güter der Welt nach ethischen Kriterien zu bewerten: Was brauchen wir wirklich zum Leben? Und wie können wir mit den begrenzten Ressourcen unseres Planeten verantwortungsvoll umgehen?

Ganz auf dieser Linie suchten die ersten Christen nach einer alternativen Lebensform, die geprägt war von Gewaltfreiheit und Besitzlosigkeit. Das Interessante ist, dass diese beiden Haltungen zusammenhängen: Privatbesitz schafft Neid und Konkurrenz; er muss verteidigt werden und wird somit zu einer Hauptursache der menschlichen Gewalt. Erhellend ist auch die Herkunft des Wortes »privat«, denn es bedeutet wörtlich: »geraubt«! Die ersten christlichen Gemeinden entschieden sich daher für eine neue Lebensform, die ohne Privatbesitz funktionierte: »Alle, die gläubig geworden waren, bildeten eine Gemeinschaft und hatten alles gemeinsam. Sie verkauften Hab und Gut und gaben davon allen, jedem so viel, wie er nötig hatte.« So steht es in der Bibel, in der sogenannten Apostelgeschichte (vgl. 2,44f.) im Neuen Testament. Nicht der Besitz zählt, sondern die Beziehung: Allen ist alles gemeinsam! Und dies nicht infolge einer bestimmten sozialrevolutionären Einstellung, sondern aufgrund des Glaubens, dass allein Gott der wahre Reichtum ist, der alle erfüllt und untereinander verbindet.

Im christlichen Mönchtum wird die »Armut« als Ordensgelübde folglich nicht primär asketisch verstanden, geschweige denn als Ausdruck einer Weltverachtung – wird die Welt doch als gute Schöpfung Gottes wertgeschätzt. Eine freiwillige Armut strebt im Christentum demnach nicht den Verzicht als solchen an. Vielmehr wird die Armut aus dem Zusammenleben der Schwestern und Brüder begründet: Sie ist die Konsequenz der Geschwisterlichkeit, die sich aus dem Glauben an Gott als dem Vater aller herleitet.

Im Ordensleben sollen die sozialen Rollen aufgehoben werden, die sich ja meistens im Besitzstand niederschlagen. Es wird also nicht mehr zwischen Adligen, Bürgerlichen oder Knechten unterschieden, sondern alle sind »Schwestern und Brüder«. Diese Selbstbezeichnung bringt zum Ausdruck, dass man eine familienähnliche Struktur leben will, die geprägt ist von gegenseitiger Liebe und Verantwortung. Und wenn niemand mehr Privatbesitz hat, wird die soziale Gleichheit eher realisierbar. Es geht um ein Teilen, wie man früher sagte: »unter Brüdern«.

Für Charles de Foucauld spielte gerade diese freiwillig gewählte Armut eine zentrale Rolle: Er hatte in jungen Jahren erfahren, dass das Schwelgen im Genuss ihn letztlich leer zurückließ. Die Freundschaft mit Jesus, die er im Gebet und in der Nachahmung von *Nazaret* leben wollte, schenkte ihm dagegen Sinn und Erfüllung. Mit *Nazaret* verband Charles die Vorstellung von Anspruchslosigkeit und radikaler Armut, die er in Palästina und später in der Sahara zu verwirklichen suchte.

Wenn wir Kleine Brüder von Außenstehenden auf unsere Lebensform angesprochen werden, dann steht schnell die Frage im Raum: »Wie macht ihr das mit dem Geld?« Dieses Thema ist für viele prickelnder als etwa: »Wie hältst du es mit dem Sex?« Denn dass wir keinen Privatbesitz haben und alles Geld, das wir verdienen, in einer gemeinsamen Kasse landet, ruft Verwunderung und Unverständnis hervor. In einer Gesellschaft, in der fast alles in Geldwerten berechnet und auf irgendeine Weise vermarktet wird, erlebt man unsere Umgangsform mit Geld als exotisch oder gar außerirdisch. Und wenn wir im Osten Deutschlands auf diese Gütergemeinschaft angesprochen werden, behaupte ich manchmal (mit einer Mischung aus Ironie und Stolz): »Wir sind die echten Kommunisten!«

Aber selbst die besten Kommunisten waren gegen kapitalistische Viren nicht geimpft. Eine Immunschwäche spüren wir bisweilen auch in unserer Gemeinschaft: Wir verfügen zwar nicht über viel Geld und versuchen, möglichst unverkrampft damit umzugehen. Etwa dadurch, dass wir nichts ansparen und kein Reserven anlegen, sondern das nicht benötigte Geld wieder verschenken. Doch dann macht sich ein Bruder Sorgen, ob wir genügend abgesichert sind. Die gesellschaftliche Atmosphäre, in der wir leben, ist ja höchst versicherungsbedürftig …

So achten wir darauf, dass das Geld nicht zu viel Raum im Denken einnimmt. Wir vermeiden eine minutiöse Abrechnung unserer Ausgaben, weil sonst jeder über die kleinsten Einkäufe Buch führen müsste. Auch in unserem Austausch bemühen wir uns, dem Thema »Geld« nur den allernötigsten Platz einzuräumen.

All dies soll letztlich dazu dienen, in eine Grundhaltung hineinzuwachsen: Der wahre Reichtum liegt im tiefen Vertrauen, dass jeder Mensch für Gott unendlich wertvoll ist und sich daher seinen Wert nicht mehr verdienen oder absichern muss. Nicht Geld schenkt Geltung, sondern gegenseitige Wertschätzung und Liebe.

AUS DER LEBENSREGEL
DER KLEINEN BRÜDER VOM EVANGELIUM

Christus schenkt uns einen Schatz, der unsere Herzen erfüllt. Er treibt uns, alles zu verlassen und arm in unserer geistigen Haltung wie auch an materiellen Gütern zu werden.

Wir wollen die Armut mit unserem ganzen Herzen umarmen. Reichtümer sind nicht nur ein sperriges Gepäck, sondern eine Gefahr. Sie sind nämlich nicht mit der Liebe zum Nächsten vereinbar, denn das, was man für sich behält, teilt man nicht mit anderen.

Wir wollen von Herzen arm werden, frei werden gegenüber jedem Wunsch nach Besitz, Geld und anderen materiellen Gütern. Wir teilen die Arbeitsbedingungen der Armen. Dies trägt dazu bei, dass wir uns ihre Sehnsüchte und gerechten Ansprüche zu eigen machen.

Die Armut im Sinne von Elend und Not ist etwas Schlechtes und widerspricht Gottes Willen. Darum protestieren wir gegen die Ungerechtigkeit bei der Verteilung der Güter und setzen uns für die Notwendigkeit des Teilens ein.

Wir verzichten auf eigenen Besitz. Alles, was dem Einzelnen zukommt, gehört der Gemeinschaft. Doch auch die Gemeinschaft als ganze muss arm leben. Wir achten darauf, nicht mehr anzusammeln als das, was notwendig ist. Die Brüder an den verschiedenen Orten helfen sich gegenseitig, um den Geist der Gerechtigkeit und des Teilens zu verwirklichen – und wir hoffen, dass sich dieser Geist auch in der Gesellschaft immer mehr durchsetzt.

Werdet Vorübergehende

Schnitz dir einen Wanderstab
aber zimmere dir keine Dachbalken

Wozu eine Vorratstasche
Liebe empfängt man nicht aus Konserven
Hoffe auf frisches Brot unterwegs

Du darfst Sandalen tragen
aber lerne auch barfuß zu gehen

Zu viel Geld dabei beunruhigt
Sonne und Regen gibt es gratis

Nimm ein zweites Hemd mit
für das Fest
und für das Grab

13. WÜSTE: WAS DIE LEERE LEHRT

Viele Frauen und Männer, Alleinstehende und Familien, Ordensleute und Priester versuchen, Elemente der Spiritualität von Nazaret zu leben. Im deutschen Sprachraum haben sich einige von ihnen zur »Gemeinschaft Charles de Foucauld« zusammengeschlossen. Eine Familie dieser Gemeinschaft fuhr mit den drei Kindern in Urlaub. Kurz vor der Reise erzählte die Mutter ihnen, dass sie in einer Berghütte wohnen werden, wo weder Strom noch Wasser fließen. Spontan fragte der sechsjährige Timo: »Ist das die totale Freiheit?« Vielleicht hat der Junge schon geahnt, dass man ein Mehr an Freiheit erlebt, wenn man die gewohnte Bequemlichkeit zurücklässt. Eine Hütte nur mit Kerzen erleuchten und das Wasser aus einem Brunnen holen, das klang für ihn nach einem großen Abenteuer.

Es stimmt: Man kann ein Stück ursprünglicher Freiheit spüren, wenn man sich aus den Netzwerken löst, die das Leben einfacher und zugleich komplizierter machen: Stromnetz, Internet, Medien … Der Grafiker Otl Aicher fand für diese Erfahrung die geniale Formel: »minimierung der ansprüche ist optimierung der freiheit. reduktion ist gewinn.«

Doch so einfach geht es nicht mit dem Einfach-Leben. Denn tief im Menschen steckt die Angst, zu kurz zu kommen: Er fürchtet sich vor Mangel, vor dem Hunger, vor dem Zuwenig – ein ganz natürliches Empfinden, das unser Überleben sichern soll! Es braucht eine gewisse Vorratswirtschaft, eine Basisabsicherung, ein Grundeinkommen, damit wir überleben können. Was aber brauche ich darüber hinaus zum Leben?

Charles de Foucauld hat in der Wüste einen völlig anspruchslosen Lebensstil gepflegt. Im Rückgriff auf seine Erfahrungen spielt für uns Kleine Brüder das Bild der »Wüste« eine wichtige Rolle. Wir versuchen, in »Zeiten der Wüste« die Einfachheit einzuüben. Manchmal können wir uns für einige Tage oder gar Wochen in eine Wüste zurückziehen, in die Sahara oder in eine Halbwüste in Spanien. Dort hilft die Landschaft durch ihre Weite, Stille und Ödnis, unsere Spiritualität zu vertiefen. So habe ich es selbst erfahren, als ich mich für 40 Tage in die Sahara zurückgezogen habe. In dieser Zeit wollte ich tiefer in die Atmosphäre eintauchen, in der Charles de Foucauld gelebt hat. Ich lebte völlig allein in einer halb verfallenen Hütte, am Rand eines immensen Gebietes aus Sanddünen, zwei Stunden Fußmarsch von der nächsten Oase entfernt.

In dieser faszinierenden und zugleich durch ihre Kargheit erschreckenden Landschaft begann ich zu ahnen, in welcher Weise Charles de Foucauld durch die Schule der Wüste geprägt worden ist. In seinen Schriften kommt er immer wieder darauf zurück, dass sich auch Jesus 40 Tage in die Wüste zurückgezogen hat. Die Einöde wird zum Ort, um Einfachheit einzuüben. Denn die Wüste zwingt zur Reduktion. Die Trockenheit duldet nichts Überflüssiges. Wer zu viel mitschleppt, wird nicht weit kommen. Und in der Abgeschiedenheit wird deutlich, was wirklich lebenswichtig ist.

Die Wüste lehrt das zum Leben Notwendige von den angelernten Bedürfnissen zu unterscheiden. Die Konsumgesellschaft funktioniert, wenn ständig Neues auf den Markt geworfen wird. Der Motor, der diese Wirtschaftsform am Laufen hält, wird durch die serienmäßige Produktion ständig neuer Wünsche angetrieben. Diese Jagd nach dem stets Modischen, nach »immer besser« und »immer mehr« macht den Menschen atemlos.

Die Wüste kann helfen, aus diesen Mechanismen – zumindest für eine Zeit lang – auszusteigen und in der Genügsamkeit eine ursprüngliche Freiheit zu erfahren. Fernab vom Trubel kann ich aufatmen: Ich merke, dass ich nur ganz wenig brauche. Geld nützt mir in der Wüste nicht viel, denn zu kaufen gibt es nichts. Dafür wird viel Schönes und Kostbares völlig kostenlos präsentiert: das bezaubernde Licht des Morgens, der Schlafplatz im Sand, das Wasser aus dem Brunnen.

Die Zeit in der Sahara bietet mir die Chance, mich aus eingefahrenen Gewohnheiten zu befreien: In der Wüste muss ich mit leichtem Gepäck unterwegs sein.

Alles Untragbare muss man zurücklassen, sonst wird es unerträglich. Dafür bekommt das wenige einen besonderen Glanz. Ein gutes Paar Schuhe – was für ein Schatz! Ich freue mich über die einfachsten Dinge: über meinen Schlafsack, meine Zahnbürste, meine Sonnenbrille.

Das Geheimnis der Wüste besteht darin, dass ich das wenige umso intensiver erlebe. In einer Umgebung, die nur wenig Leben zulässt, lerne ich über das Wunder des Lebens neu zu staunen. Ich gehe vor dem einzigen Grashalm, der auf einer Düne Wurzeln schlagen konnte, in die Knie, um ihn näher zu betrachten.

Nicht das Vielerlei erfüllt, sondern das eine, das in die Tiefe geht. Nicht tausend Sensationen schenken Glück, sondern der Sensus für das Echte, das berührt. Wer lernt, das wenige zu verkosten, der erfährt, wie köstlich ein Schluck kühlen Wassers aus einem Brunnen schmeckt. Weise (lat.: sapiens) ist jemand, dem die Dinge schmecken (lat.: sapere), wie sie sind. Die Weisheit, die ich in der Wüste lernen kann: Ich kann wieder Geschmack am Leben finden – indem ich das Einfache schätzen lerne.

Manfredo, ein älterer Bruder unserer Gemeinschaft, gestand mir, dass er gerne die Werbung im Fernsehen anschaut oder Werbeseiten in einer Zeitschrift durchblättert. Ich konnte das gar nicht verstehen; denn mir ist es wichtig, mich von der Konsummentalität so gut wie möglich zu distanzieren. »Bringt dich das nicht durcheinander, wenn du derart viele Angebote siehst?« Manfredo lächelte. »Im Gegenteil. Ich fühle mich so glücklich, wenn ich sehe, was ich alles nicht brauche!«

Viele Menschen spüren den Wunsch nach größerer Einfachheit. Doch was kann das konkret bedeuten: mein Leben vereinfachen?

Ein erster Hinweis: Sich von Überflüssigem trennen. Das klingt banal, ist aber im Konkreten oft sehr schwer. Man schaue sich nur einmal in der eigenen Wohnung (oder gar im Keller) um … Jesus lädt im Evangelium mit einer auffälligen Hartnäckigkeit dazu ein, sich nicht im Vielerlei des Materiellen zu verlieren. Wer vieles besitzt, muss sich um vieles kümmern – und dies kann zu einer Quelle von Kummer, Unruhe und Unzufriedenheit werden.

Wir Brüder in Leipzig mussten vor drei Jahren unsere »Platte« verlassen und in einen anderen Beton-Wohnblock ziehen. Ich sah darin auch eine Chance, mich von manchen Dingen zu trennen, die sich im Lauf der Jahre angesammelt hatten. Je weniger ich mit mir herumschleppe, umso unbeschwerter und leichter kann ich weiterziehen.

Ein zweiter Hinweis: Ein einfacher Lebensstil macht frei. Auch von Sorgen und Ängsten. Und er schenkt neue Nähe, etwa zu Menschen, die wenig besitzen. Wenn Freunde aus dem Asylbewerberheim in unsere Wohnung kommen und unsere uralte Küche und die zusammengestückelten Möbelstücke sehen, fühlen sie sich eher zu Hause als in einem luxuriösen Ambiente. Die einfache Einrichtung schafft eine Unbefangenheit im Umgang gerade mit Menschen, die ebenfalls mit wenig zurechtkommen müssen. So ermöglicht unser Lebensstil nahe und ehrliche Beziehungen, und das ist ein großer Schatz!

Noch ein dritter Aspekt: Ein einfacher Lebensstil leistet einen Beitrag zu einer gerechteren Welt und für die Bewahrung der Schöpfung. Mehrere Familien der »Gemeinschaft Charles de Foucauld« in der Nähe von München teilen sich beispielsweise ein Auto und sparen so Energie und Ressourcen. Sie haben damit schon zu einer Zeit begonnen, als noch kaum jemand an alternative Energiequellen oder die Klimakatastrophe dachte. Seit Jahren engagieren sich diese Familien auch mit großem Einsatz für einen Weitergabe-Laden, in dem man nicht mehr benötigte Haushaltsgegenstände anderen zur Verfügung stellt. So wird vieles weiterverwendet und Abfall reduziert. Dabei geht es nicht nur darum, Plastikmüll zu vermeiden, sondern sich von den *fake news*, was man angeblich alles haben muss, nicht zumüllen zu lassen. Das Bewusstsein der »Gemeinschaft Charles de Foucauld«, zu einer weltweiten Familie zu gehören, öffnet den Blick auf die großen Zusammenhänge von Wirtschaft und Ökologie: Die Ressourcen unserer Erde müssen zwischen allen Menschen und im Blick auf die kommenden Generationen möglichst gerecht geteilt und nachhaltig verwaltet werden.

Wir als Kleine Brüder in Leipzig versuchen, uns einfach zu ernähren und uns so wenig wie möglich vom Strudel des Konsums mitreißen zu lassen. Kleidung wird aufgetragen, bis es nicht mehr geht. Wir haben bewusst auf ein Auto oder einen Fernseher verzichtet und setzen auf Reparatur statt auf Neukauf. All dies wurzelt in der Überzeugung, dass nicht Besitz, sondern Beziehung reich macht. Eigentum und Vermögen hingegen können menschliche Beziehungen belasten, wenn sich deswegen Neid oder Missgunst einschleichen. Ein frei gewählter einfacher Lebensstil bietet die Chance, aus dem Sichvergleichen mit andern auszusteigen.

Ein letzter Hinweis schließlich gilt der inneren Einfachheit: Wir brauchen uns nicht darum zu sorgen, wie wir uns die Liebe Gottes verdienen können. Vielmehr dürfen wir vertrauen, dass wir von Gottes Liebe beschenkt sind, einfach so. Wachsen wir in diesem Grundvertrauen, können auch die Beziehungen zu unseren Mitmenschen einfacher, spontaner und herzlicher werden.

Auch auf meinem persönlichen spirituellen Weg sehne ich mich nach mehr Einfachheit. Manche liturgischen Formeln erscheinen mir zu kompliziert und zu anstrengend. In unserer Gemeinschaft in Leipzig beten wir etwa beim Morgengebet nicht alle von der offiziellen Liturgie vorgesehenen Psalmen, sondern beschränken uns auf einen. Dafür verweilen wir länger in Stille, um dann ein Wort, das uns angesprochen hat, zu wiederholen und nachklingen zu lassen. Die Anbetung, das schlichte und absichtslose Dasein vor Gott, das wortlose Gebet, die »gegenstandslose« Betrachtung: All das sind Formen, in denen wir vor Gott ganz einfach da sein können.

der glanz des einfachen

wir sind überzüchtet
jagen nach dem exquisiten
nippen an cocktails
im blendlicht
von designerlampen

das schlichte aber
schmeckt einfach
das schnörkellose brot
nach schweißtreibender wanderung
ein schluck wasser aus der quelle
gratisgeschenk ohne hintergedanken
schau wie schön
sich kerzenlicht spiegelt
in leuchtenden kinderaugen

14. PSST! RUHEBEREICH!

Monique von der Gemeinschaft der Kleinen Schwestern Jesu stammt aus Frankreich und lebt seit vielen Jahren in Süditalien. Ein alter Wohnwagen in einem Olivenhain dient ihr und den Mitschwestern als Einsiedelei. Regelmäßig zieht sich Monique dorthin zurück. Eines Tages fragte eine Freundin: »Monique, was machst du denn eigentlich in der Stille?« Und Monique antwortete spontan: »Ich mache einfach nichts! Denn ich gehe doch nicht in die Stille, um dort etwas zu machen. Ich will die Stille ja nicht füllen mit anderen Dingen wie Lesen, Schreiben oder Arbeit im Olivenhain. Die Stille genügt sich selbst.«

Viele Menschen meinen, dass sie ständig aktiv sein müssen. Immer sind sie am Tun und Werkeln. Sie vermeiden den Stillstand. Dabei täte es ihnen gut, den inneren Freiraum zu betreten, der sich ihnen in der Stille bietet. Wenn ich Einkehr halte und in mich gehe, muss dabei nichts herauskommen. Denn hier geht es nicht ums Tun, sondern ums Dasein: In der Stille mache ich nichts, sondern lasse geschehen. Das Leben hat seine eigenen Rhythmen, denen ich mich überlassen kann. Und auch mein Innenleben wächst und entwickelt sich ohne mein aktives Zutun.

In aller Stille kann ich auf mein inneres Leben lauschen – und hören, dass es leise wächst wie das Gras, ohne dass ich etwas dazu beitragen muss.

Die Evangelien erzählen davon, dass Jesus sich öfter in die Stille zurückgezogen hat. Und zwar besonders dann, wenn es ihm zu viel wurde. Im Markusevangelium wird berichtet, dass sich in Kafarnaum die ganze Stadt vor der Haustür versammelt hatte. Alle kamen mit ihren Krankheiten und Nöten und bedrängten Jesus. In der Nacht schleicht er heimlich aus dem Haus und zieht sich an einen einsamen Ort zurück. Die Leute suchen nach ihm und als sie ihn finden, verschließt er sich ihren Anliegen nicht. Aber er braucht zwischendurch die Stille und das Gebet, um neue Kraft zu schöpfen. Um bei sich selber zu sein, um bei Gott zu sein (Markusevangelium 1,35–39).

Dem Beispiel Jesu folgend haben seit den Anfängen des Christentums Einsiedlerinnen und Einsiedler eine zurückgezogene Lebensweise gewählt, um in der Stille und Abgeschiedenheit Gott zu suchen. Der Rückzug in die Stille der Wüste war auch für Charles de Foucauld eine Lebensquelle. Inmitten einer ausgetrockneten Landschaft wollte er im Blick auf Jesus den Gottesbrunnen finden: »Man muss die Wüste durchqueren und in ihr verweilen, um die Gnade Gottes zu empfangen.«

Die Einsamkeit, so schwer sie manchmal auch lastet, kann zum Raum werden, in dem Gott zu uns spricht.

Dagegen laufen wir ohne das Stillschweigen Gefahr, uns im Äußeren und Äußerlichen zu verlieren. Die Welt ist laut und geschwätzig. Wir leben mit einem Grundrauschen, das nie aufhört: Der Lärm der Autos und Züge verursacht einen permanenten Geräuschpegel. Dazu gesellt sich die Dauerberieselung durch Fernseher und Smartphone. Bisweilen wird uns die unaufhörliche Beschallung zu viel. Wir stöhnen über die laute Lärmbelästigung in dicht gedrängten Kaufhäusern oder in der überfüllten Straßenbahn: »Oh, mir ist das einfach zu laut!« Oder wenn ständig jemand etwas von mir will: WhatsApp-Nachrichten, Telefon, E-Mails. In solchen Momenten rufen wir lautstark nach Stille.

Auf humorvolle Weise erläutert der irische Schriftsteller C. S. Lewis diesen Zusammenhang: Er lässt den Oberteufel ein paar Briefe an einen Unterteufel schreiben, um diesem aus der Hölle heiße Tipps für das Teufelshandwerk zu geben. Das Ziel der Teufel ist es, die Stille des Friedens zu zerstören. Und daher fördern die Teufel alles, was Krach macht, damit am Ende das ganze Weltall in einen einzigen Höllenlärm verwandelt ist. – In einem Brief stellt der Oberteufel zufrieden fest: »Im Blick auf dieses Ziel sind wir, was die Erde anbelangt, in den letzten Jahren ein gutes Stück vorangekommen.«

Doch selbst, wenn ich mich dem Lärm entziehe, ist es mit dem Stillhalten gar nicht so einfach. Vielleicht kennen Sie das: Erschöpft vom Zuviel schließe ich die Zimmertür hinter mir und lasse mich in einen Sessel fallen.

Kaum aber ist es um mich herum etwas ruhiger geworden, da werden innere Stimmen laut. Gedanken umschwirren mich, Sorgen und Probleme fallen mir ein, unerledigte Aufgaben klopfen an, Ärger, den ich hinuntergeschluckt hatte, stößt mir sauer wieder auf.

Ob viele Menschen in den äußeren Lärm flüchten, weil sie sich vor der inneren Unruhe ängstigen? Der berühmte Psychoanalytiker Carl Gustav Jung schreibt: »Wer sich fürchtet, sucht laute Gesellschaft und tosenden Lärm, der die Dämonen verscheucht ... Der Lärm gibt ein Sicherheitsgefühl wie die Volksmenge ... (er) schützt uns vor peinlichem Nachdenken, er zerstreut ängstliche Träume ... In der Stille würde nämlich die Angst den Menschen zum Nachdenken veranlassen ... In der bezeichnenderweise sogenannten ›Totenstille‹ wird es unheimlich ... Was gefürchtet wird, ist das, was vom eigenen Innern kommen könnte, nämlich all das, was man sich durch Lärm vom Hals gehalten hat.«[3] Manche Menschen suchen also den Lärm, weil sie Angst haben vor den eigenen inneren Stimmen und Stimmungen.

Wer sich auf die Stille einlässt, begegnet tatsächlich zuerst sich selbst, seinen Gedanken, Sorgen und Problemen. Aber er kann diese bewusst ablegen, wenn er sich Zeit für die Stille nimmt. Und sagen: »Ja, ihr seid da. Dennoch will ich mich jetzt nicht mit euch beschäftigen. Ich lasse euch weiterziehen wie die Wolken am Himmel.« So klingt der innere Lärm langsam ab und ich finde zur Ruhe. Solche Augenblicke sind wertvolle Geschenke: Mit einem Mal ist es ganz still in mir. Und dann atme ich auf: Niemand will etwas von mir. Und auch ich selbst will jetzt nichts mehr von mir. Nicht einmal Gott will *etwas* von mir. Er will vielmehr *mich*, mein Dasein, mein Leben, mein Glück. Und so kann ich vor ihm einfach da sein, in Stille, im Frieden.

Wer die Stille sucht, erhält sich den Sinn für Zwischentöne, für alles Zarte und Leise. Beziehungen wachsen in der Stille. Nur wer schweigen kann, vermag auch gut zuzuhören. Und schließlich hat Stille etwas Reinigendes. Denn unser Inneres ist wie ein Resonanzraum. Wenn der Resonanzkörper eines Cellos mit Müll gefüllt ist, kann er nicht mehr klingen. In ähnlicher Weise muss auch mein Inneres leer werden, damit in mir zum Klingen kommt, was mich berührt: angefangen von den tausend hauchfeinen Stimmen des Alltags bis zum Pianissimo der Stimme Gottes.

Wenn ich lange einfach nur auf die Stille höre, dann ahne ich manchmal, dass diese nicht leer ist. Stille ist kein Mangel an Geräuschen, sondern ein Zustand von Fülle. Ist sie vielleicht der Nachklang eines großen Akkordes, mit dem Gott seine Schöpfung ins Dasein gerufen hat? Ja, die Stille ist bewohnt von einem leisen Geheimnis. Nach einem Wort von Meister Eckhart ist nichts im Universum Gott ähnlicher als die Stille. In der schweigenden Gegenwart Gottes kann ich bei mir selbst ankommen. So wird die Stille zum Raum, in dem ich mich mit mir selbst anfreunden kann: »Ich bin, der ich bin.«

Wann und wo können wir solche Augenblicke von Stille entdecken? Die Regel meiner Gemeinschaft legt mir nahe, jeden Tag eine Stunde im Schweigen (Anbetung, Meditation) zu verbringen. Darüber hinaus pflegen wir regelmäßige Zeiten in einer »Einsiedelei«, um dort tiefer in die Stille hineinzufinden. Da es an meinem Arbeitsplatz am Fließband besonders laut war, habe ich es immer sehr genossen, wenn ich mich in unsere Einsiedelei in der Stille der Natur zurückziehen konnte. Hier war ich nicht mehr fremdbestimmt, sondern konnte meinem eigenen Rhythmus folgen. Ich achtete auf meinen Atem, meine Gefühle, meine Erinnerungen. Ich betete mit meinem Dasein.

Solche dichten Erfahrungen, in denen ich Gott spüre, lassen sich anderen nur schwer vermitteln. Und doch kennen viele die Sehnsucht nach Stille. Ich habe an meinem Arbeitsplatz manchen, die wie ich unter dem permanenten Lärm der Arbeits- und Konsumwelt leiden, davon erzählt, dass ich öfter in die Stille gehe. Sie reagierten meist interessiert, manchmal sogar sehnsüchtig. Ich ermutigte sie, sich auch solche Auszeiten zu nehmen. Wenn Menschen ins Schweigen gehen, rühren sie an ihre eigene Tiefe, berühren vielleicht sogar Gott. Mit den Worten von Charles de Foucauld: »Im Schweigen liebt man am glühendsten.«

was wirklich nährt

beim reden zerredet
durch schreien verschrien
im sagen versagt

beim plappern verplappert
durch rufen verrufen
im krach verkracht

äußerungen veräußern
brüllen brüllt nieder
dröhnen dröhnt zu

stille
aber
kann stillen

15. BEIM ANBLICK EINER FLEDERMAUS

Die Kleine Schwester Susanna erzählte mir, dass sie mit Bekannten einen Kirchturm bestieg, um die Glocken zu besichtigen. Der Weg führte über eine Leiter durch das Gebälk. Dort hingen einige schlafende Fledermäuse. Jemand aus der Gruppe kommentierte: »Die sind aber hässlich ...« Als Susanna dies hörte, wandte sie sich um: »Du hast sie noch nicht lange genug angeschaut!«

Die Haltung, unsere Wirklichkeit bedächtig und nicht bewertend anzuschauen, kann man »kontemplativ« nennen. Ursprünglich meint dieses Wort, etwas im »heiligen Bezirk« (templum, Tempel) in den Blick zu nehmen. So betrachtet stellen sich die Dinge dann in einem anderen, göttlichen Licht dar. Der Kontemplation geht es nicht um das aktive und beurteilende Sehen, wie es etwa auf dem Marktplatz oder im Geschäftsleben üblich ist, wo wirtschaftliche Kriterien eine Rolle spielen. Vielmehr will die Kontemplation das, was da ist, respektvoll wahrnehmen, ohne es zu verzwecken. Die Kontemplation taxiert und bewertet nicht, sondern schaut das Gegebene einfach an und lässt es voll Wertschätzung da sein.

Es gibt sogenannte beschauliche Ordensgemeinschaften in kontemplativen Klöstern. Diese liegen oft in einer schönen Natur, in ruhiger Umgebung, abgeschieden vom Trubel und Lärm der Städte. Die Ordensschwestern und -brüder übernehmen keine sozialen oder seelsorglichen Aufgaben. Vielmehr leben sie lange Zeiten der Stille in einem klar gegliederten Rhythmus von Gebet und Arbeit. Manche gestressten Zeitgenossen blicken fasziniert auf dieses beschauliche Leben. Andere lassen sich von buddhistischen Meistern inspirieren, die als »Spezialisten« eines spirituellen Lebens in Zen-Klöstern meditieren. Abgetrennt durch eine Klausur, wie eine Klostermauer sie beispielsweise markiert, wird ein Sonderraum für ein spirituelles Leben geschaffen. Aber: Kann man nicht auch mitten im Alltagstrott ein kontemplatives Leben führen?

Die Spiritualität von *Nazaret* versucht, beides zu verbinden: Ein Leben des Gebetes *und* den gewöhnlichen Alltag. Im Gegensatz zu vielen klösterlichen Gemeinschaften kennen die Kleinen Schwestern und Brüder keine Klausur, keinen Rückzug hinter Klostermauern. Sie siedeln sich vielmehr mitten in der Welt an. Und das gerade an Orten, an denen man ein spirituelles Leben am wenigsten vermutet: als Fabrikarbeiter, in einem Wohnwagen unterwegs mit Sinti und Roma, in einer lauten Mietwohnung im Migrantenmilieu.

Diese Form von Ordensleben macht deutlich: Eine spirituelle Gestaltung des Lebens stellt nichts Elitäres dar, sondern kann mitten im ganz normalen Alltag gelingen. Die Kleine Schwester Madeleine (die Gründerin der Kleinen Schwestern Jesu) schrieb: »Als betende Menschen mitten in der Welt wagen wir zu sagen, dass das kontemplative Leben in den übervölkerten Städten, im Lärm der Straßen sich ebenso gut entfalten kann wie in der Zurückgezogenheit eines Klosters.« Und Madeleine Delbrêl, die sich ebenfalls von Charles de Foucauld inspirieren ließ, schrieb: »Warum sollte der Lerchengesang im Kornfeld, das nächtliche Knistern der Insekten, das Summen der Bienen im Thymian unser Schweigen nähren können – und nicht auch die Schritte der Menschenmenge auf den Straßen, die Stimmen der Marktfrauen, die Rufe der Männer bei der Arbeit, das Lachen der Kinder im Park, die Lieder, die aus der Bar dringen? All das ist Geräusch von Geschöpfen, die auf ihre Bestimmung zugehen, alles ist ein Widerhall des Hauses Gottes, alles ist ein Signal des Lebens, das unserem Leben begegnet.«[4]

Das ist auch meine Erfahrung: Ich freue mich immer, wenn ich mich in unsere Einsiedelei im Wald zurückziehen kann. Dort inspiriert der Gesang der Vögel zum Staunen über die Schöpfung und zum Lob Gottes. Wieder daheim ist dann in unserer Kapelle in der obersten Etage eines Leipziger Plattenbau-Hochhauses der Lärm der Straße, das Geschrei spielender Kinder und manchmal der Streit von Nachbarn zu hören. Doch auch diese Geräusche wollen mit ins Gebet genommen werden. Die Betonwände unseres Plattenbaus sind nicht gedämmt – und so will auch unser Gebet nicht von der

Außenwelt isoliert sein. Die ganze Wirklichkeit kann zu Gott hinführen.

Wir Brüder versuchen, längere Zeiten der Stille einzuüben. Dabei geht es nicht um die Abwesenheit von Lärm, sondern um eine bestimmte Art des Hörens. Nämlich hinter allen Geräuschen eine Anwesenheit erahnen: die leise göttliche Präsenz in allem; und die Erfahrung, in einer Liebe geborgen zu sein, die keiner Worte mehr bedarf.

Ich habe etwa zehn Jahre als Saisonarbeiter am Fließband gearbeitet. Das war oft sehr monoton. Aber ich konnte in diesem Grau in Grau auch Farbtöne einer anderen Gegenwart entdecken. Ich versuchte, ganz da zu sein, mit meinem Körper, mit meinem Atem – und summte dann leise einen Taizé-Gesang: »Meine Hoffnung und meine Freude«. Wenn es mir gelang, einem solchen Ohrwurm in mir Raum zu geben, konnte ich in einer betenden Haltung mitten im Geratter und Gezische des Fließbandes vor Gott präsent sein.

Auch die Aufmerksamkeit meiner Kolleginnen und Kollegen – durch einen Blick, eine Geste, einen Gruß – kann im täglichen Allerlei eine andere Dimension aufleuchten lassen. Der durchorganisierte Betrieb, in dem die Sachzwänge den Ablauf diktierten – welche Stückzahl an Produkten in welcher Geschwindigkeit zu fertigen ist –, wurde für einen Augenblick unterbrochen: Im Zuzwinkern öffnete sich ein Spalt für Menschlichkeit. Und für die Ahnung, dass sich genau darin auch die Begegnung mit dem göttlichen Geheimnis ereignet.

Was kann helfen, im Getriebe des Tagtäglichen kontemplativ zu leben? Zunächst braucht es ab und zu eine Entschleunigung. Ich habe bisweilen den Eindruck, in einem Hochgeschwindigkeitszug unterwegs zu sein. Alles geschieht mit rasender Schnelligkeit. Wie oft bin ich gezwungen, mir sofort ein Urteil zu bilden, auf Anhieb zu reagieren, von einem zum andern zu hetzen. Kontemplativ zu leben meint: Nimm dir Zeit, um noch einmal hinzuschauen; lass das, was du gehört hast, noch einmal nachklingen; verweile bei einem Eindruck, damit er nicht oberflächlich bleibt, sondern dich in der Tiefe berührt.

Ein zweiter Hinblick kann uns wie eine 3-D-Brille Dimensionen eröffnen, die einem schnellen Drüberschauen verborgen bleiben. Ein Gemälde erschließt sich erst bei näherer Betrachtung. Ein Gedicht will mehrmals gelesen werden, bevor seine Wortspiele zu klingen beginnen. Und auch das, was auf den ersten Blick abstoßend und hässlich erscheint, kann sich bei längerem Betrachten in einem anderen Licht darstellen.

Wir kennen sogenannte Kippbilder: etwa die Zeichnung eines Würfels, den man plötzlich »von der anderen Seite« sieht. Obwohl wir meinten, das Bild richtig erkannt zu haben, kippt man unvermittelt in eine andere Sichtweise: Wir sehen etwas Neues in einer überraschenden Perspektive. Ein nochmaliges Hinschauen kann uns also Dimensionen eröffnen, die einem vorschnellen Betrachten verborgen bleiben. Ähnlich kann erst ein Blick in die Tiefe auf das Göttliche aufmerksam machen, welches hinter und in allen Dingen wohnt und auf uns wartet.

Wer an Gott glaubt, sieht nichts »anderes« als die Menschen um ihn herum – aber er sieht es in einem anderen Licht. Wenn man etwa über das scheinbar Selbstverständliche staunen kann: über die kleinen Wunder des Lebens, über ein Zeichen der Freundschaft, das Blühen einer Blume und das Funktionieren von Handy und Internet. Mit den Augen des Glaubens öffnet sich eine neue Sichtweise: Ich kann im Gewöhnlichsten entdecken, wie außergewöhnlich alles ist. Wenn ich ein Naturschauspiel, einen Menschen, ein Kunstwerk – oder eine Fledermaus – bewundere, dann zeigt sich plötzlich das Wunder der Welt: Wir können ihren guten Ursprung und in allen Dingen den Glanz des Göttlichen erahnen.

Religion ist nach einer Definition von Johann Baptist Metz »Unterbrechung«. Und eine solche braucht es! Denn wenn wir nur noch funktionieren und im ratternden Räderwerk eines betriebsamen Alltags rotieren, werden wir blind für die Gegenwart Gottes in unserer Welt. Es braucht heilsame Unterbrechungen, um die Tiefendimension und den Sinn zu entdecken, der allem innewohnt. Kontemplativ leben heißt, diesen Perspektivenwechsel zu wagen: Wie sieht eine Situation aus, wenn ich sie liebevoll anschaue, so wie Gott das tut? Wenn ich eine Begegnung oder einen Konflikt aus dem Blickwinkel Gottes zu betrachten versuche?

Derartige Unterbrechungen können wir ganz bewusst in unseren Tagesplan einbauen. Aber meist hält der Alltag für uns schon solche Momente bereit: Etwa wenn wir auf einen Bus warten müssen oder in einer Schlange an der Supermarktkasse stehen. Ich kann dann natürlich das Smartphone herausholen und noch schnell eine Nachricht abrufen oder versenden. Stattdessen kann ich auch innehalten, um eine Begegnung nachklingen zu lassen. Oder mich in einem Stoßgebet an Gott wenden und aufatmen.

Über diese kleinen Unterbrechungen im Alltag hinaus kann man besondere Zeiten pflegen, um eine kontemplative Haltung einzuüben. Ein ruhiger Abendspaziergang, um das Erlebte des Tages ausklingen zu lassen. Oder sich ein paar Tage in ein Kloster zurückziehen und die Gastfreundschaft der Stille zu genießen. Klöster können Biotope der Kontemplation sein und laden dazu ein, sich für eine bestimmte Zeit vom Rhythmus des Gebetes und der Atmosphäre der Stille mittragen zu lassen.

Auch zu Hause kann ich das Räderwerk der Betriebsamkeit kurz anhalten: zum Beispiel morgens am geöffneten Fenster stehen und in Stille ein paar Atemzüge genießen. Oder zwischendurch eine Kirche besuchen, in der ich durchschnaufe und mich ins Licht Gottes stelle. Oder mir Zeiten gönnen, in denen ich medial offline bin, um zu mir zu kommen. Wenn ich das regelmäßig übe, dann kann der Weg in die eigene Mitte auch spontan gelingen, und das inmitten in der Mühe und Mühle des Alltags.

Ich persönlich brauche die Kontemplation umso mehr, weil ich von Natur aus eher ein kämpferischer Typ bin, der sich gerne für etwas starkmacht und einsetzt. Und ich werde schnell ungeduldig, wenn nichts vorwärtsgeht. Da bleibt es nicht aus, dass sich Müdigkeit und Erschöpfung einstellen. Beispielsweise wurden in meinem Wohnviertel in Leipzig viele Flüchtlinge untergebracht. Das wurde für mich zur Herausforderung, der ich mich gerne stellte: Begleitung bei Behördengängen, Wohnungssuche und Möbeltransport, Hausaufgabenhilfe ... Diese neuen Aufgaben erfüllten mich mit Freude und Elan. Zusätzliches kam ins Spiel: Die politische Dimension der Flüchtlingsdebatte forderte meine Aufmerksamkeit, um am Ball zu bleiben; in Pfarreien oder im Wohnviertel mussten Menschen für die neue Herausforderung gewonnen werden; und es traten auch politische Strömungen auf (z. B. LEGIDA), denen ich mich zu stellen hatte.

Doch ich musste auch Ohnmacht erleben: Ich konnte vielen Erwartungen nicht gerecht werden. Ich musste Flüchtlinge, die mich inständig baten, ihnen beim Nachzug ihrer Familie zu helfen, enttäuschen. Ich stieß an viele Grenzen: Meine eigenen Möglichkeiten zur Hilfe sind beschränkt. Und es wurden neue Grenzzäune errichtet ... Manchmal wurde ich richtig wütend über politische Entscheidungen, ideologische Blindheit oder das mangelnde Engagement anderer. Die schmerzlichste Erfahrung war, in Leipzig bei der Suche nach einem Gottesdienstraum für die aus Syrien und dem

Irak vertriebenen Christen immer wieder zu scheitern. Was tun, wenn ein jahrelanger Kampf so aussichtslos wird? Wenn selbst manche in den Pfarreien engagierte Christinnen und Christen, ja sogar Pfarrer mit ausländerfeindlichen Sprüchen hausieren gehen? Wie damit umgehen, wenn ich Lähmung und Erschöpfung spüre?

An solchen Druckstellen wird mir deutlich, wie lebensnotwendig ich die Kontemplation brauche: Orte und Zeiten, wo ich sehen kann, dass ich von Gott gesehen werde. Diese Haltung schenkt mir einen Perspektivenwechsel. Ich starre nicht mehr auf das, was ich alles zu tun habe, sondern ich lasse *mich* anschauen. Der Blick-Wechsel lässt mich aufatmen. Denn ich nehme wieder wahr, dass nur Gott absolut ist, alles andere aber – einschließlich meiner selbst – relativ. Ich kann mehr loslassen, was mich vorher bedrängt hat. Und ich spüre, dass das Heil der Welt nicht von mir abhängt; dass ich mich nicht um alles kümmern kann und muss.

Die Kontemplation hilft mir, wieder das richtige Gleichgewicht zu finden. Ich brauche weder mutlos den Kopf in den Sand zu stecken noch fanatisch dafür zu kämpfen, dass die Welt in ein Paradies verwandelt wird. Ich kann meine Ohnmacht leichter aushalten. Und lasse mich nicht lähmen, wenn mein Einsatz vergeblich war: Denn im Gebet ahne ich, dass das Gelingen meines Lebens und der ganzen Geschichte in Gottes Händen liegt.

Kontemplation

Beim Zählen der Sterne
lachend immer wieder
von vorn beginnen

In der Zeitvergessenheit
der Brandung
Atem schöpfen

Den Zugvögeln
einfach nur zuschauen
wenn sie weiterziehen

Den Duft der Rose
ungepflückt
verschweben lassen

Lauschen auf die Stille
nach dem Wort

Nicht mehr fragen müssen
was bringts

Warten ohne Erwartungen
absichtslos bei dir sein

Daran Genüge finden

16. DIE ABSTEIGE GOTTES

Die Kleine Schwester Anna hat einen Job in der Spül-küche eines Eventhotels in der Nähe von Halle. Während Anna mit einigen Kolleginnen Berge von Geschirr durch eine Waschstraße schickt, geht im großen Foyer und in den Tanzsälen die Party ab. Es wird alles aufgeboten, da-mit die Gäste von Freitagabend bis Sonntagmittag in eine andere Welt abtauchen können: Hier steppt der Bär rund um die Uhr, mit Disco, Entertainment und einem Büfett-angebot, das ständig erneuert wird. Die Events stehen jeweils unter einem bestimmten Motto, das sich dann in der Dekoration der Räume und in den Spezialitäten am Büfett niederschlägt: Südsee, Spanien, Paris, Thailand. Einmal lautete das Motto »Rio«. Und natürlich waren bei dieser Party der Carneval von Rio und heißer Samba stilprägend. Der aufgeschüttete Sand und die Sonnen-schirme ließen einen Hauch von Copacabana aufkom-men. Auch die Christusstatue vom Zuckerhut durfte nicht fehlen.

Als Anna vor dem Dienst durch die Partymeile der Hotelanlage ging, war sie von diesem Christus, der seine ausgebreiteten Arme über Deko, Büfett und die Geträn-kebar hielt, sehr berührt. Im Osten Deutschlands hat die große Mehrheit der Menschen mit Gott nichts mehr am Hut. Und ausgerechnet hier, mitten in der Partyland-schaft, stand die Christusfigur: Ihre segnenden Hände breiten sich aus über Tanzende, die sich ein Wochenende lang exzessiv amüsieren; die angetrunken nach Bekannt-schaften für eine Nacht suchen; die sich am Büfett durch-fressen, bis ihnen schlecht wird. Christus als Deko und zugleich als Sinnbild dafür, wie Gott inmitten einer Welt gegenwärtig sein kann, in der von Gott schon lange nicht mehr die Rede ist: »Mitten unter euch steht er, den ihr nicht kennt!« (Johannesevangelium 1,26)

Nazaret steht für das verborgene Leben Jesu und damit für die stille Gegenwart Gottes inmitten seiner Schöp-fung. Zugleich beginnt mit Jesus Gottes neue Welt, die sozusagen schon an die Tür klopft. Das Reich Gottes kommt freilich weder mit Prunk und Pomp noch durch Gewalt und Macht. Klein wie ein Senfkorn beginnt es zu keimen; unscheinbar wie der Sauerteig durchwirkt und verwandelt es die Welt.

In Jesus von Nazaret ist Gott in unsere Welt hinab-gestiegen. Und zwar bis zur Unkenntlichkeit. Er prä-sentiert sich nicht durch Stärke und Macht, damit sich ihm niemand unterwerfen muss. Äußerer Druck kann zwar jemanden zur Gefolgschaft zwingen, nicht aber sein Herz gewinnen. Daher wählt Gott die Ohnmacht der Liebe. Denn nur so bleibt die Freiheit des Menschen gewahrt, sich aus Liebe für Gott zu entscheiden.

In allen Religionen und Kulturen wohnt und wirkt Gott in einer diskreten Weise. Und kann daher auch übersehen, falsch verstanden oder für sehr irdische Zwecke instrumentalisiert werden. In Jesus von Nazaret findet der Abstieg Gottes in die Verborgenheit seinen radikalsten Ausdruck. Am Kreuz krepierend schreit derjenige, mit dem sich Gott ganz und gar identifiziert hat: »Mein Gott, mein Gott, warum hast du mich verlassen?« (Markusevangelium 15,34)

Die Spiritualität von *Nazaret* kennt daher nicht nur die leise Gegenwart Gottes in allen Dingen, sondern auch den lauten Schrei über Gottes Abwesenheit. Nur so wird die Rede von Gottes Präsenz vor einem allzu billigen und naiven Sprachspiel bewahrt. Auch Charles de Foucauld, der voller Hingabe im Gebet die innige Nähe Jesu sucht, muss durch die lange Nacht der Enttäuschung: »Wenn ich wenigstens spüren würde, dass Jesus mich liebt. Aber er sagt es mir nie.«[5]

Wer durch solche Wüsten von Gottesferne gegangen ist, nimmt den Namen Gottes nicht mehr so leichtfertig und unbedarft auf die Lippen. Im Wissen darum, dass Gott uns immer auch entzogen bleibt, kann er verhalten und ehrfürchtig seine Spuren erahnen. Und zwar oftmals an Orten, wo man es auf Anhieb nicht vermutet hätte.

Ganz auf dieser Linie bleibt Charles de Foucauld, der für das Evangelium brennt und es den Muslimen durch sein Leben bezeugen will, offen für Überraschungen: Er entdeckt Spuren des Evangeliums dort, wo es noch nie von einem Missionar verkündet wurde. Im Jahr 1881 war ein französischer Erkundungstrupp von Tuaregs überfallen worden. Tarischat, eine vornehme Tuaregfrau, kümmerte sich um die verwundeten Feinde und schützte sie vor einem Tuareganführer, der sie umbringen wollte. Als Charles de Foucauld von diesem Geschehen hört, ist er tief bewegt: Hier lebt eine Frau die Feindesliebe des Evangeliums, obgleich sie mit dem Christentum noch nie in Berührung gekommen war. Gott zeigt sich als der Größere, der abwesend und anwesend zugleich ist. Und dessen Heiliger Geist das Herz einer muslimischen Frau geprägt hat, obwohl sie noch nie etwas davon gehört hat, dass es einen Heiligen Geist gibt.

Ich habe im Gefängnis von Leipzig über Jahre Menschen begleitet, die jeden Glauben an Gott ausdrücklich abgelehnt haben. Aber über ihre Sehnsucht nach Gerechtigkeit konnten wir gut ins Gespräch kommen – und über ihre Enttäuschung, wenn sie das Gerichtsurteil als ungerecht empfunden haben. Oder über ihre Liebe zu einer Frau, die trotz allem immer noch zu ihnen hält und ihnen treu bleibt. In all dem war für mich immer die Beziehung zu einer anderen, größeren Wirklichkeit spürbar, die sich eben nicht mit der Gerechtigkeit dieser Welt oder mit der Kosten-Nutzen-Rechnung für eine Freundschaft zufriedengibt. In solchen Gesprächen, in denen der Name »Gott« nicht fiel, konnte ich das göttliche Wirken erahnen: Wenn Gefangene von ihrer Hoffnung erzählten, die sie die langen und bedrückenden Tage bestehen lässt. Eine Hoffnung, die sie davor bewahrt, sich selbst aufzugeben.

Als sich unsere Gemeinschaft der Kleinen Brüder vom Evangelium im Oktober 2005 in Leipzig auf Wohnungssuche machte, kamen wir mit den Vertretern einer großen Wohnbaugenossenschaft ins Gespräch. Da wir in ein Stadtviertel mit einem (zu Unrecht) unguten Ruf ziehen wollten und vorhatten, uns in der Nachbarschaft ehrenamtlich zu engagieren, fanden wir die volle Unterstützung dieser Genossenschaft. Man bot uns für ein Jahr kostenfrei eine Wohnung an, um uns den Start zu erleichtern. Als dann der Vertrag aufgesetzt wurde, bat ich, dass dieser nicht auf meinen Namen, sondern auf die Gemeinschaft ausgestellt werden sollte. »Wie heißt denn der Verein?«, fragte die zuständige Sachbearbeiterin. – »Kleine Brüder vom Evangelium.« – »… wie schreibt man denn ›Evangelium‹?«

Das Wort war dieser Frau nicht geläufig, aber ihre Haltung und Einstellung waren sehr evangeliumsgemäß: Wir, die wir alle neu nach Leipzig kamen und erst noch eine Arbeit suchen mussten, fanden offene Türen für unsere Anliegen. Wir wurden in Leipzig von Menschen aufgenommen, die – ohne einen christlichen Hintergrund – unserer Gemeinschaft eine Chance geben wollten. So gibt es viele Menschen, die den Buchstaben des Evangeliums nicht kennen, seinen Geist aber längst schon leben.

Nazaret mahnt zu Respekt und Vorsicht, um Gott und sein Wirken nicht leichtfertig festzuschreiben. Denn im Leben und Schicksal des Zimmermanns aus Galiläa wurde Gott im Verborgenen sichtbar. Und so müssen unsere Schemata, wo Gott zu finden ist und wo nicht, oftmals zerbrechen. Doch die große Hoffnung bleibt: dass nämlich das Senfkorn zu einem Baum heranwächst und der ausgesäte Weizen vielfach Frucht bringt. Und daher wird *Nazaret* zum Nährboden der Hoffnung, dass sich Gottes neue Welt auch gegen allen Augenschein und selbst in bedrohten Situationen nicht unterkriegen lässt. Völlig überraschend zeigt sich nach der brutalen Hinrichtung Jesu im Auferstandenen eine ganz neue Weise von göttlicher Gegenwart. So wird deutlich, dass Gott Jesus im Tod nicht verlassen hat. Und damit den Sinn seines Lebens und seiner Hingabe für immer beglaubigt.

Die Botschaft von Ostern lautet daher: Geht voller Hoffnung nach Galiläa zurück, in den grauen Alltag, in den Kampf um das tägliche Brot. Kehrt zu euren Familien und an euren Arbeitsplatz zurück. Im ganz Gewöhnlichen, an unscheinbarem Ort und völlig unverhofft wartet Christus auf euch.

Und ihr könnt seine Nähe erfahren, wenn ihr in seinen Spuren bleibt: Wenn ihr Kranke pflegt und Ausgeschlossene in die Arme nehmt; wenn ihr Menschen in ihrer Trauer nicht allein lasst und das Brot miteinander teilt; wenn ihr anderen ihre Sünden vergebt, Frauen gegen jegliche Diskriminierung verteidigt und die weinenden Kinder tröstet und segnet; wenn ihr zu einem Essen einladet, an einem Tisch, der für alle gedeckt ist; wenn ihr beim Betreten eines Hauses den Bewohnern Frieden wünscht, Geschichten von der Güte Gottes erzählt und jedwede Religion demaskiert, die sich dem Glück des Menschen entgegenstellt.

Mit Jesus ist eine andere Welt möglich, eine friedliche und solidarische Welt, eine liebenswerte und gerechte Welt, in der die Würde jedes Menschen geachtet wird. In jeder Geste der Solidarität mit den Leidenden und im Erinnern an die Opfer von Gewalt kommt ihr der Gerechtigkeit nahe! Lasst euch daher selbst in Ohnmacht und Scheitern nicht entmutigen: Es gibt Hoffnung für alle! Kehrt also nach Galiläa zurück. Der Auferstandene geht euch voraus. Und wenn ihr seinem Geist, dem Geist der Solidarität und Liebe vertraut, werdet ihr seine ausgebreiteten Arme und seine segnende Gegenwart an Orten sehen, wo ihr es nicht für möglich halten würdet.

Klopfzeichen

in der Traurigkeit
für die du keinen Namen findest

in der Unruhe
die dich ziellos umhertreibt

in den Träumen
die dir schlaflose Nächte bereiten

in dem Heimweh
das dich zu Hause befällt

in der Sehnsucht
die ausufert nach immer mehr

in all deinem Nichtfinden
da sucht ER dich

17. »WOZU SEID IHR EIGENTLICH NÜTZLICH?«

Am 1. Dezember 1916 wurde Charles de Foucauld in den Wirren des Ersten Weltkriegs in der Sahara ermordet. Seinen Wunsch, eine kleine Gemeinschaft zu gründen, hatte er nicht in Erfüllung gehen sehen. Erst viele Jahre nach seinem Tod entstanden verschiedene Gemeinschaften, die von Charles inspiriert ein Leben von *Nazaret* zu führen versuchen. Zu diesen zählt eine Schwesterngemeinschaft in Köln, die im Milieu der Obdachlosen lebt. Anlässlich der Heiligsprechung von Charles de Foucauld durch Papst Franziskus soll in der Kölner Kirchenzeitung eine Reportage erscheinen. Hier ein fiktives Interview.

Anna (Journalistin): Es war gar nicht einfach, Ihre Gemeinschaft in Köln zu kontaktieren. Jedenfalls habe ich im Internet keine Homepage mit Ihrer Adresse oder Telefonnummer gefunden.
Claire: Wir leben im Milieu der Wohnungslosen. Die haben auch keine Homepage. Und wir wollen auch nicht groß in Erscheinung treten. Denn es sind ja die sogenannten kleinen Leute, mit denen wir das Leben

teilen. Und für die interessiert sich auch kaum jemand. Sie werden oft übersehen – und das in einer Welt, in der es vielen darauf ankommt, gesehen zu werden. Deshalb habe ich auch gezögert, Ihnen ein Interview zu geben. Mein Leben ist für eine Kirchenzeitung interessant, weil ich eine Ordensfrau bin. Doch wer kommt schon zu unseren Freunden von der Straße, um nach deren Leben und Sorgen zu fragen?

Anna: Wir haben uns hier auf einer Parkbank getroffen. Wo wohnen Sie?

Claire: Wir sind vier Schwestern und wir haben einen Bauwagen, in den wir uns zurückziehen können. Aber meist sind wir bei den Menschen, die auf der Straße leben. Manchmal schlafen wir auch dort, wo sie schlafen, nämlich in den Notunterkünften.

Anna: Was machen Sie denn für die Wohnungslosen? Verfolgen Sie ein Projekt, um die Menschen aus dieser Situation herauszuholen?

Claire: Dafür gibt es glücklicherweise viele Initiativen. Angefangen von den staatlichen Behörden, die ein Interesse haben, die Wohnungslosen in die Gesellschaft einzugliedern. Und dann natürlich Hilfsangebote wie Wärmestube, Kleiderkammer, Essensausgabe. Wir dagegen machen nichts in dieser Richtung. Manche Programme und Sozialtrainings gehen davon aus, dass die Wohnungslosen eigentlich so leben müssten wie der Rest der Bevölkerung. Das klingt fast so, als ob man ihnen sagen wollte: Wenn ihr euch wieder in die normale Arbeitswelt integriert habt, dann seid ihr vollwertige

Menschen. Aber einige von ihnen wollen oder können das gar nicht. Wenn wir als Schwestern versuchen, ihr Leben zu teilen, dann wollen wir ihnen zeigen: Wir finden euch in Ordnung, so wie ihr jetzt seid.

Anne: Das heißt: Sie wollen die Menschen nicht aus ihrer Not herausholen?

Claire: Wir freuen uns über die Initiativen, die Wohnungslose dabei unterstützen, wenn sie ein anderes Leben führen wollen. Aber manchmal geschieht das von oben herab, in einer überheblichen Haltung: »Wir wissen, was für euch richtig ist und wie ihr eigentlich leben solltet!« Oder man bemitleidet die Menschen auf der Straße. Und auch das kann herablassend wirken. Unsere Freunde sind oft sehr sensibel und spüren genau, ob man sie als Objekte behandelt – und sei es als Objekte der Wohltätigkeit oder des Mitleids. Sie wollen als Subjekte ernst genommen werden. Und wer gibt denn vor, wie alle Menschen zu leben haben? Die Würde eines Menschen hängt doch nicht ab von seiner Verdienstbescheinigung!

Anne: Sie machen also nichts für die Wohnungslosen … Wozu sind Sie dann eigentlich nützlich?

Claire: Wir wollen das Leben der Menschen auf der Straße nicht verändern, sondern ihr Leben teilen. Wir wollen mit ihnen Freundschaft schließen. Wir wollen durch unsere Solidarität zeigen: »Ihr seid für uns genauso wertvoll wie diejenigen, die gesellschaftlich gut dastehen. Ihr habt eine Würde, egal wo und wie ihr lebt!« Manche lassen die Wohnungslosen ja spüren, dass sie unnütz und überflüssig sind, weil sie dem gesellschaftlichen System nichts bringen. Wir wollen ihnen das Gegenteil vermitteln: »Ihr seid wichtig, weil ihr Menschen seid. Und es ist zweitrangig, ob ihr eine Wohnung und Arbeit habt und Steuern zahlt. Oder ob ihr, aus welchen Gründen auch immer, am Rand der bürgerlichen Gesellschaft lebt.«

Anne: Was bewirkt denn das Leben von Ihnen als Schwestern? Was kommt denn dabei heraus?

Claire: Das ist nicht unsere Denke. In der Gesellschaft steht die Frage nach Effektivität und messbarem Erfolg ganz oben. Alles muss sich rentieren, muss ausgewertet und auf seinen Profit hin überprüft werden. Wir Schwestern wollen aus solchen Maßstäben aussteigen. Denn es gibt noch ganz andere menschliche Qualitäten. Freundschaften oder eine Partnerschaft messen wir ja auch nicht an der Effektivität. Eine Freundschaft ist absichtslos und hat einen Wert in sich. Und das erleben wir in unseren Beziehungen mit den Wohnungslosen. Ich fühle mich oft beschenkt vom Vertrauen meiner Freunde von der Straße. Wenn sie mir von ihrer Lebensgeschichte erzählen. Oder wenn wir etwas teilen, was sie geschenkt bekommen haben. Die Menschlichkeit, das Vertrauen und die Offenheit, die uns da begegnen, helfen uns, das Evangelium tiefer zu entdecken. Es sind die Armen, die uns evangelisieren!

Anne: Wie gelingt es, mit den Wohnungslosen eine solche Beziehung aufzubauen?

Claire: Mir kommt ein Bild: Manchmal finde ich einen

meiner Freunde in der U-Bahn-Station. Er sitzt auf dem Boden und hat einen Pappbecher vor sich stehen. Dann setze ich mich einfach neben ihn. Wir sind auf der gleichen Bodenhöhe. Das schafft Nähe. Die Menschen, die an uns vorbeilaufen, schauen hingegen von oben auf uns herunter. Manche verächtlich. Andere werfen eine Münze in den Becher. Aber auch dies geschieht irgendwie von oben herab.

Anne: Wenn Sie die schwierige Situation mancher Ihrer Freunde wahrnehmen, fällt es Ihnen dann nicht schwer, auf Aktionen und Programme zu verzichten, die den Menschen auf der Straße helfen könnten?

Claire: Das stimmt schon. Wir teilen ja auch die Ohnmacht und Hilflosigkeit unserer Freunde. Natürlich, wir tun, was wir können. Doch wir haben nur die einfachen und ohnmächtigen Mittel, die den Armen zur Verfügung stehen. Etwa jemanden zu einer Behörde begleiten. Oder einer Freundin einen Tipp geben, wo man Hilfe bekommen kann. Gerade das Mit-Aushalten von Ohnmacht schafft eine besondere Nähe. Manchmal ist es wichtiger, dass ich bei einem Menschen einfach da bin, als dass ich etwas für ihn tue. Dadurch wächst eine Freundschaft, die wertvoller ist als alle materielle Hilfe. Denn unsere Freunde wurden ja oft gedemütigt; ihnen wurde vermittelt, dass sie unnütze Esser sind, eigentlich überflüssig oder höchstens geduldet. Ich versuche, sie spüren zu lassen, dass sie einen unendlichen Wert haben, weil sie Töchter und Söhne Gottes sind.

Anne: Welche Rolle spielt Ihr Glaube?

Claire: Wir als Schwestern versuchen, etwas von dem zu verwirklichen, was Jesus uns wie ein großer Bruder vorgelebt hat. Er hat die Nähe von Menschen gesucht, die in der damaligen Gesellschaft am Rand standen und verachtet wurden. Dadurch ließ er sie spüren, dass sie für Gott unendlich wichtig sind. Und zwar unabhängig von ihrem sozialen Status oder ihrer religiösen Korrektheit.

Anne: Können Sie uns noch etwas zu Ihrem Leben als Ordensfrau sagen? Zu Ihrem Gebet?

Claire: In unserer Kapelle, die wir in einem Bauwagen eingerichtet haben, hängt ein Christusbild, das sich an einer Ikone von Rubljow orientiert. Diese Ikone war verschollen und ist 1919 zufällig wiederentdeckt worden. Sie hatte in einer Hütte bei Swenigorod als Türschwelle gedient. Der Holzwurm hatte sie angenagt und der Regen sie an einigen Stellen verwaschen. Wir haben uns ganz bewusst für eine Kopie dieser Ikone entschieden.

Denn so schauen wir im Gebet nicht auf einen Christus mit goldenem Heiligenschein, sondern auf einen versehrten Christus, ja, auf einen beschädigten Christus. Und doch schaut uns dieser Christus mit offenen, warmen Augen an. So wollen wir auch in den Menschen, deren Gesichter von Alkohol oder Drogen gezeichnet sind und denen man eine schwere Lebensgeschichte ansieht, Christus erkennen. Denn auch in ihren Augen leuchtet jene Würde, die Gott jedem Menschen schenkt.

Zehenspitzengefühl

bei Simon dem Pharisäer
Festmahl ohne Duft und Kuss
Liebe aber lebt nicht im Kopf
und schaut nicht herab auf die andern
ganz unten
bei den Füßen
fängt die Liebe an
eine Frau wäscht deine Füße mit Küssen und Tränen
und trocknet sie mit ihrem Haar
durch diese Berührung deiner Füße
findet die Gefallene selbst wieder Stand
die Füße sind so wichtig
zum Aufrechtstehen
zum Weitergehen

mit Simon dem Fischer
Abschiedsmahl mit Brot und Wein
Liebe aber wäscht nicht den Kopf
und entsagt der Macht über die andern
ganz unten
bei den Füßen
fängt die Liebe an
du wäschst seine Füße mit Wasser und Feuer
und trocknest sie mit dem Hauch deines Geistes
durch diese Berührung seiner Füße
findet er selbst nach dem Fall wieder Halt
die Füße sind so wichtig
zum Aufstehen
zum Auferstehen

18. NAZARET ALS ANTIRESIGNATIVUM

Nazaret steht für das letzte Kaff, am Ende der Welt. *Nazaret* dient als Chiffre für das Schicksal von Menschen, die in der sozialen Kette das Schlusslicht bilden: Die lokalen Verlierer der globalen Prozesse, die Bauernopfer von politischen Winkelzügen, dargebracht auf dem Altar der unheiligen Dreifaltigkeit von Geld, Öl und Macht. Menschen, denen oft der Eindruck vermittelt wird, dass sie den Schwarzen Peter gezogen haben. *Nazaret* ist aber auch Inbegriff für ein unscheinbares Leben in der Provinz; für die ganz normale Routine mit ihrer Langeweile; für die alltägliche Arbeitswelt.

Ein solches Nazaret hat Gott gewählt, um Mensch zu werden. Er zeigte sich gerade nicht im Hohepriester von Jerusalem, in einem Philosophen aus Athen oder gar im Kaiser von Rom. Sondern im Sohn eines Zimmermanns in einem galiläischen Dorf.

Gott schaut nicht auf die von Menschen gemachten Hierarchien, sondern auf die innere Schönheit, auf das Herz jedes Menschen. Und so wandte sich Jesus vornehmlich denen zu, die in den Augen der Gesellschaft nicht viel galten: den Ausgestoßenen, den Behinderten, den Prostituierten, den Fremden.

Diesen Letzten verkündete Jesus, dass sie nicht das Allerletzte sind, nicht der Abschaum der Welt, sondern dass gerade ihnen die besondere Aufmerksamkeit Gottes gilt. Denn Gott wohnt bevorzugt bei den Benachteiligten: Auch und gerade sie haben eine unendliche Bedeutung für das Ganze der Welt und der Geschichte.

Ausgerechnet die Einwohner von Nazaret lehnten die Botschaft Jesu ab. Sie konnten sich nicht vorstellen, dass ihr Nachbar Jesus, dessen Mittelmäßigkeit sie nur allzu gut kannten, im Namen und Auftrag Gottes handeln soll. Doch Jesus ließ sich nicht einschüchtern, sondern blieb sich und seiner Überzeugung treu, dass er im Sinne Gottes redet und handelt. Ja, dass Gott selbst sich in seiner Person auf den Weg zu den Menschen gemacht hat, die auf irgendeine Weise zu kurz gekommen sind.

Der Einsatz Jesu für die Außenseiter wurde ihm nicht gelohnt: Er verzichtete auf Macht und Gewaltanwendung – und wurde Opfer eines Machtspiels. Er trat offen und ehrlich auf und wurde heimtückisch verraten. Er heilte Kranke und wurde grausam verwundet. Er gab Gott in allem die Ehre und wurde als Gotteslästerer angeklagt. Er kämpfte für eine gerechtere Welt und wurde von einer parteiischen Justiz verurteilt. Er wollte anderen ein Leben in Würde ermöglichen und musste selbst eines unwürdigen Todes sterben.

»Tja!«, werden viele seiner Ex-Freunde gesagt haben. »Da sieht man, was man davon hat: Undank ist der Welten Lohn! Die Guten nehmen ein böses Ende. Und

Fett schwimmt immer obenauf.« In der Tat: Auf den ersten Blick hat das Unrecht gesiegt. Offensichtlich setzen sich Ellbogen eher durch als offene, verletzliche Hände. Egoistisches Kalkül zahlt sich aus, während Bescheidenheit und Rücksicht das Nachsehen haben. Vielleicht war Jesus nur ein weltfremder Träumer. Und nun ist er gnadenlos gescheitert.

Doch dann passiert Ostern: Gott ruft Jesus aus dem Tod in ein neues Leben. Die römischen Machthaber und die jüdischen Religionsführer haben Jesus hinrichten lassen – und konnten ihn doch nicht endgültig vernichten. Denn ihre Macht reichte nur bis an die Grenze des Todes. Jenseits der Todesschwelle aber trägt die unergründliche Liebe Gottes den Sieg davon. Damit wird Jesu Einsatz und seine Hingabe von Gott ins Recht gesetzt. Gott bleibt nicht gleichgültig oder passiv gegenüber dem Schicksal Jesu. Sondern er schenkt ihm neues Leben und lässt ihm Gerechtigkeit widerfahren. Daher wird der Mörder nicht über sein Opfer triumphieren. Und die Arroganz der Mächtigen oder die Brutalität der Herrschenden behalten nicht das letzte Wort. Vielmehr hat sich Gott das allerletzte Wort über unsere Geschichte und das Geschick jedes Menschen vorbehalten.

Die Spiritualität von *Nazaret* will dazu befähigen, an die Macht der Liebe zu glauben. An den Sieg des Guten, das so oft unter die Räder kommt. Es geht um eine Hoffnung entgegen dem Augenschein, der den Sinn von uneigennützigem Einsatz oft in Frage stellt. Eine vom Glauben an die Menschwerdung Gottes geprägte Spiritualität ermutigt, auch die kleinsten und unscheinbarsten Gesten der Liebe zu leben. Und zwar voller Hoffnung, dass sich das Gute am Ende durchsetzen wird. Der Glaube an den Gott Jesu Christi bietet daher keine falsche Vertröstung, sondern wird zum flammenden Aufruf, sich für diese Welt mit Hingabe einzusetzen.

Nazaret steht auch als Platzhalter für Menschen, die auf den letzten Platz abgedrängt werden. Weil Gott in Jesus gerade mit diesen solidarisch wurde, folgt aus dem Stil von Nazaret eine grundlegende Solidarität. Wer sich von der Menschwerdung Gottes berühren lässt, der schaut genau hin und mischt sich ein; der bleibt nicht in der Beobachterperspektive, sondern wechselt die Seite, um gerade den Abgehängten und Abgedrängten beizustehen.

Wenn Gott sich aus Liebe selbst erniedrigt, wird schließlich alles menschliche Streben nach Vorherrschaft einer radikalen Kritik unterworfen. Die von Menschen erfundenen Hierarchien werden aufgelöst: Vor Gott als dem allein Höhergestellten sind alle Menschen gleichwertig.

So wird die Perspektive von *Nazaret* zur Einladung, den Alltag solidarisch mit anderen zu gestalten und zu bestehen.

Bruder Alberto arbeitet im Hol- und Bringdienst eines Krankenhauses. Er schiebt Betten und Rollstühle durch die Gänge, bringt Patienten zum Röntgen oder zum MRT. *Er erzählt, dass er manchmal das Gefühl hat, das letzte Rad am großen Wagen des Krankenhausbetriebs zu sein. Dann fährt er mit einem Augenzwinkern fort: Wenn das letzte Rad klemmt, dann schlingert der ganze Wagen. Alberto bringt etwas Wichtiges auf den Punkt: Jeder Mensch hat eine unersetzliche Bedeutung und niemand ist überflüssig. Was vor Gott zählt, ist der selbstlose Einsatz für andere, die Bereitschaft zum Dienst an der Gesellschaft und die Achtung vor der Gleichheit aller Menschen.*

Nazaret ist ein Antiresignativum. Und aus diesem Geist zu leben bedeutet: Den Anfang einer anderen Welt leben, auch wenn noch nicht sichtbar wird, dass sich diese neue Welt durchsetzt. Jesus hat gehofft wider alle Hoffnung. Er hat unerschütterlich an das Gute in jedem Menschen geglaubt, obwohl ihm viele so feindselig begegnet sind. Er hat Menschen geheilt, ohne dafür Bedingungen zu stellen oder nach Profit zu schielen. Er lehrte das großzügige Teilen von Brot, Fisch und Wein und lud Menschen unterschiedlichster sozialer Herkunft an seinen Tisch. Mit Jesus hat die neue Welt Gottes schon begonnen und ist nicht mehr aufzuhalten.

Nazaret zielt also auf eine Lebensweise, die im Hier und Jetzt Gottes befreiende Gegenwart erfährt: in unmittelbarer Nähe, an gewöhnlichsten Orten, bei den Menschen in der Nachbarschaft. Auf ihren Gesichtern kann man einen göttlichen Glanz erkennen und selbst alltäglichste Dinge erhalten einen unendlichen Wert. Es kommt nicht auf übermenschliche Leistungen an, sondern auf zwischenmenschliche Beziehungen. Und wenn wir auch den großen Lauf der Welt nicht ändern können, so haben wir die Chance, unsere kleine Welt anders zu sehen und in ihr Gottes Nähe zu erkennen.

Wer sich von dieser nazarenischen Spiritualität prägen lässt, wird daher nicht resignieren angesichts der Übermacht des Bösen, das in der Geschichte der Welt so oft zu siegen scheint. Er oder sie wird sich nicht lähmen lassen von der apokalyptischen Angst, dass man sowieso nichts machen und daher nur ohnmächtig das Ende der Welt abwarten kann.

Diese Entscheidung, aus Hoffnung zu leben, muss freilich immer wieder neu getroffen werden. Wir können dafür beten und darum ringen. Aber es gehört zu einer nazarenischen Spiritualität, dass unsere Hoffnung fragil und angefochten bleibt. Im Alltag stellen sich immer wieder viele Fragezeichen ein. Dürfen wir trotz allem, was dagegenspricht, hoffen, dass sich die Dinge zum Guten wandeln?

Manchmal beschleicht mich der leise Verdacht, dass meine kleinen Alternativen zum Scheitern verurteilt sind: Lohnt es sich wirklich, gemeinsam mit den Brüdern meiner Gemeinschaft einen einfacheren Lebensstil zu pflegen? Soll ich noch für das Klima auf die Straße gehen, wo doch in vielen Küstengebieten den Menschen das Wasser bereits bis zum Hals steht? Und warum soll ich Menschen im Gefängnis besuchen, die in unserer Gesellschaft als hoffnungslose Fälle gelten? Welchen Sinn soll es haben, in der Stille zu beten? Und ist nicht auch Charles de Foucauld an dem von ihm gewählten letzten Platz gescheitert? Soll ich also wirklich auf einem untergehenden Traumschiff noch einen Wasserhahn reparieren?

Wenn ich auf sichtbare Erfolge schaue, kommt mir das alles schräg und sinnlos vor. Doch ich will mich wie Jesus vom Geist Gottes prägen lassen. Wie Jesus will ich in der Hoffnung auf Gottes neue Welt leben. Und ich will mich von jener Zuversicht ermutigen lassen, die schon so viele Menschen gestärkt hat und auch heute stärkt: dass diese neue Welt Gottes mit dem Zimmermann aus Nazaret unwiderruflich begonnen hat! Weil also das Reich Gottes im Kleinen bereits mitten unter uns ist, darum können wir es in kleinen Schritten schon leben. Und darum ist hier und heute eine andere Welt möglich, ja sogar schon wirklich. Wenn *wir* sie verwirklichen, in unserem konkreten Lebensstil und Handeln.

Seit und mit Jesus von Nazaret bleibt keine Geste von Menschlichkeit vergeblich. Jeder Einsatz für eine gerechtere Welt wird zum Baustein der neuen Stadt Jerusalem, in der die Gerechtigkeit für immer wohnen wird. Alle Tränen der Leidenden bleiben in Gott bewahrt und werden zu kostbaren Perlen. Und der letzte Platz, auf den manche Menschen abgeschoben werden, ist nicht das Letzte. Sondern er wird zur Platzkarte für eine festliche Tafel, an die Gott alle Menschen lädt. Niemand wird vom runden Tisch Gottes ausgeschlossen und in die Ecke gestellt. Endlich erfahren sich alle als Schwestern und Brüder, weil jeder und jedem gleichermaßen die Liebe Gottes gilt.

Jene Welt jedoch, die auf den Gesetzen von Konkurrenz und Gewinnmaximierung, Ausbeutung und Unterdrückung aufgebaut ist, hat keinen Bestand. Mit Jesus von Nazaret wurde ihr Ende eingeläutet, und ihre Zeit läuft ab. Auch wenn augenscheinlich die Macht von Jerusalem und Rom, von Wall Street und Weißem Haus die Welt dominieren – am Ende wird nur *Nazaret* bestehen bleiben. Denn schlussendlich zählen nur »Glaube, Hoffnung und Liebe, diese drei; doch am größten unter ihnen ist die Liebe.« (1. Korintherbrief 13,13)

Gott wurde Mensch in Nazaret.
Und somit ist Nazaret überall dort,
wo wir das schöne Wagnis eingehen,
menschlicher zu werden.

»Frage dich in allem,
wie Jesus handeln würde,
und mache es genauso.
Dies ist die einzige Regel,
aber es ist eine unbedingte Regel.«

Charles de Foucauld

Ein Dankeschön gilt den Brüdern meiner Gemeinschaft: Gotthard, dessen hartnäckigem Drängen sich die Entstehung dieses Buches verdankt; Micha für seine kritischen Anregungen; Gianluca, aus dessen unerschöpflichem Schatz an Geschichten ich schöpfen durfte.

Dank für wertvolle Hinweise auch den Mitgliedern anderer Gemeinschaften, die sich auf Charles de Foucauld zurückführen: Marianne Bonzelet (Gemeinschaft Charles de Foucauld), Christine Kohler (Kleine Schwester vom Evangelium) und Wolfgang Köhler (Kleiner Bruder Jesu).

Ein besonderer Dank gilt Melanie Wolfers, die das Manuskript mit ihrem unerbittlich konstruktiven Rotstift koloriert hat.

Schließlich danke ich Hansjörg Federmann für die wertvolle Mitarbeit beim Lektorat dieses Buches und dem Leiter des *bene! Verlags* Stefan Wiesner für die anregende und vertrauensvolle Zusammenarbeit.

Alle kursiv gedruckten Geschichten sind authentisch; die Namen und Orte wurden teilweise verändert.

Die Gedichte sind folgenden Werken von Andreas Knapp entnommen:

»der glanz des einfachen« aus: Andreas Knapp, Barbara Wolfers; Ausblick ins Unendliche. Worte und Bilder zum Leben. © Echter Verlag, Würzburg 2012.

»in extremis«, »mitten in der Welt«, »Der letzte Platz«, »Bruder aller Menschen«, »gelassen« aus: Andreas Knapp, Brennender als Feuer. Geistliche Gedichte. © Echter Verlag, 9. Aufl., Würzburg 2020.

»was wirklich nährt« aus: Andreas Knapp, ganz knapp. Gedichte an der Schwelle zu Gott. © Echter Verlag, 2. Aufl., Würzburg 2021.

»gratuité« aus: Andreas Knapp, Gedichte auf Leben und Tod. © Echter Verlag, 5. Aufl., Würzburg 2019

»nazaret« aus: Andreas Knapp, Heller als Licht. Biblische Gedichte. © Echter Verlag, 5. Aufl., Würzburg 2020.

»Werdet Vorrübergehende«, »Kontemplation«, »Klopfzeichen«, »Zehenspitzengefühl« aus: Andreas Knapp, Weiter als der Horizont. Gedichte über alles hinaus. © Echter Verlag, 9. Aufl., Würzburg 2019.

Andreas Knapp, Dr. theol., ist Priester und Autor. Viele Jahre leitete er das Priesterseminar in Freiburg. Im Jahr 2000 schloss er sich dem Orden der »Kleinen Brüder vom Evangelium« an. Heute lebt er mit drei Mitbrüdern in einem Plattenbau in Leipzig, wo er sich in der Gefängnisseelsorge und Flüchtlingsarbeit engagiert. Andreas Knapp ist Autor zahlreicher erfolgreicher Bücher; sein Werk wurde mehrfach ausgezeichnet, u. a. mit dem renommierten Herbert-Haag-Preis (2018).

ZUM WEITERLESEN

Biografie von Charles de Foucauld:
Jürgen Rintelen, Der das Leben suchte. Die vielen Schritte des
Charles de Foucauld, Echter-Verlag 2005.

Andreas Knapp, Lebensspuren im Sand. Spirituelles Tagebuch aus
der Wüste, Herder-Verlag 2015

Texte von Charles de Foucauld:
Allen ein Bruder. Passwörter einer Spiritualität für unsere Zeit,
Verlag Neue Stadt 2020.

Jahresschrift: »*Mitten in der Welt*« (mit Impulsen aus der Spiritua-
lität von Charles de Foucauld, Berichten aus den verschiedenen
Gemeinschaften usw.)
Bestelladresse: Heike Schmoll, Albrecht-Dürer-Str. 29A,
D-85053 Ingolstadt; E-Mail: heike17schmolke@gmail.com

Homepage der Gemeinschaften Charles de Foucauld:
https://www.charlesdefoucauld.de

QUELLEN

1 »Hoffen wider alle Hoffnung«, Heinz Martin Lonquich,
   © Carus-Verlag, Stuttgart.
2 Antoine Chatelard, Charles de Foucauld. Der Weg nach
   Tamanrasset, Lochham 2005, S. 82.
3 C.G. Jung an Professor Karl Oftinger, in: C.G. Jung, Briefe III.,
   © Verlagsgruppe Patmos in der Schwabenverlag AG, Ostfildern
   2012.
4 Madeleine Delbrêl, Gott einen Ort sichern. Texte – Gedichte –
   Gebete. Ausgewählt, übersetzt und eingeleitet von Annette
   Schleinzer (Topos, Band 1122) © Matthias Grünewald Verlag.
   Verlagsgruppe Patmos in der Schwabenverlag AG, Ostfildern,
   6. aktualisierte Auflage 2020.
5 Jürgen Rintelen, Der das Leben suchte. Die vielen Schritte des
   Charles de Foucauld, Echter-Verlag Würzburg 2005, S. 82.

Das Mutmacher-Buch

Zuversicht ist eine innere Kraft, die vieles zum Positiven verändern kann. Mit ihrer Hilfe können wir in schwierigen, scheinbar aussichtslosen Situationen neue Perspektiven entdecken. Doch wie gelingt es, angesichts eines Schicksalsschlags oder einer Pandemie die Zuversicht zu bewahren? Bestsellerautorin Melanie Wolfers zeigt Wege auf, wie wir Zuversicht gewinnen und stärken können. Sie erzählt von Menschen, die in düsteren Zeiten fähig waren, auf einen neuen Morgen zu hoffen. Und sie zeigt, warum es so wichtig ist, auf das Gute im Leben zu vertrauen.

Melanie Wolfers

Zuversicht – Die Kraft, die an das Morgen glaubt

Hardcover mit Veredelung
160 Seiten
ISBN 978-3-96340-206-7
€ [D] 14,– · € [A] 14,40

NEU
Melanie Wolfers-Podcast

GANZ SCHÖN MUTIG finden Sie bei Apple, Spotify und überall, wo es Podcasts gibt.

Besuchen Sie uns im Internet:
www.bene-verlag.de

Aus Verantwortung für die Umwelt hat sich die Verlagsgruppe
Droemer Knaur zu einer nachhaltigen Buchproduktion verpflich-
tet. Der bewusste Umgang mit unseren Ressourcen, der Schutz
unseres Klimas und der Natur gehören zu unseren obersten
Unternehmenszielen. Gemeinsam mit unseren Partnern und
Lieferanten setzen wir uns für eine klimaneutrale Buchproduktion
ein, die den Erwerb von Klimazertifikaten zur Kompensation des
CO_2-Ausstoßes einschließt. Weitere Informationen finden Sie unter:
www.klimaneutralerverlag.de

Originalausgabe September 2021
© 2021 bene! Verlag
Ein Imprint der Verlagsgruppe
Droemer Knaur GmbH Co. & KG, München
Alle Rechte vorbehalten. Das Werk darf – auch teilweise – nur mit
Genehmigung des Verlags wiedergegeben werden.
Lektorat: Hansjörg Federmann, Stefan Wiesner
Cover- und Innengestaltung: Maike Michel
Druck und Bindung: CPI books GmbH, Leck
ISBN 978-3-96340-196-1

5   4   3   2